Die schönsten Verse und Sprüche für das
Poesiealbum

Die schönsten Verse
und Sprüche für das

Poesiealbum

herausgegeben von
Kristiane Müller-Urban

Zeichnungen: Anke Lintz, Ingelheim
Satz: FROMM MediaDesign GmbH, Selters/Ts.
Redaktion für diese Ausgabe: Ralf Labitzky

101480497X4453 6271
02 01 00 99

Inhalt

Danksagung
der Herausgeberin

*I*ch danke Karin für die schönen und frommen Sprüche aus dem Poesiealbum ihrer Großmutter Klara aus den Jahren 1921 bis 1923, für die ernsten und launigen Verse aus ihrem eigenen Album von 1967 bis 1968. Viel Heiteres und gutgemeinte Lebensweisheiten entdeckte ich in Susannes Album, das zwischen 1976 und 1985 entstand. Zorica verdanke ich zahlreiche komische und herzerfrischende Reime. Blumige Sprüche entnahm ich meinem Poesiealbum aus den fünfziger Jahren.

Vorwort

Ein freundliches Wort ist wie eine Brücke

Die meisten Menschen bekommen irgendwann in ihrem jungen Leben ein kleines, quadratisches Büchlein geschenkt. Es soll gelesen werden, aber erst, wenn die Eltern, alle Tanten und Onkel, Cousinen und Cousins, Freunde, die besten Freundinnen, Lehrer, Nachbarn und sonstige geliebte und verehrte Mitmenschen ihre heiteren, besinnlichen, frommen und verrückten Sprüche hineingeschrieben haben.

Heute wie vor 600 Jahren ist das handgeschriebene Poesiealbum bei den Menschen beliebt. Die früheren Stammbücher, in denen sich Verwandte und gute Freunde auf den leeren Seiten der Ahnenpässe mit einem geistreichen Spruch verewigten, wurden über Generationen hinweg aufbewahrt. Später ersetzte man sie durch Gästebücher und Freundschaftsalben.

Manches Dichtwerk aus früherer Zeit ist von uns heute kaum zu verstehen, wie beispielsweise:

> Müde ging ich auf rauhem Steg,
> da kroch ein Käfer mir grad in den Weg;
> zertretend wollt' ich den Tod ihm geben:
> da dacht' ich an dich und trat daneben.

Vor dem Hintergrund seines eigenen Schicksals schrieb der Dichter diese Zeilen aus Mitleid mit der gequälten Kreatur. Wer heute einen alten Spruch in ein Album schreibt, denkt dabei sicherlich an Kitsch und alberne Reimerei. Andere Verse sind wahre Meisterwerke:

Behüt dich Gott: Es wär so schön gewesen.
Behüt dich Gott: Es hat nicht sollen sein!

Während die Dichter bis zum Beginn des 20. Jahrhunderts eifrig Aufnahme in Poesiealben fanden, gelang dies den modernen Dichtern von heute kaum. Sehr beliebt sind dagegen die Spontisprüche der Jugend, wie wir sie auf graue Mauern gesprayt oder auf Schulbänke gekritzelt finden. Jungen und Mädchen mit Spürnase für höheren Blödsinn, für Sprachspiel und Protest schreiben sie dem anderen gern ins Poesiealbum.
In diesem Buch habe ich Altes und Neues von berühmten Dichtern und unbekannten Reimern für Sie zusammengetragen. Manch ein Vers wurde von verschiedenen Schreibern im Laufe der Jahre geändert, von anderen übernommen, so daß er heute als volkstümliches Allgemeingut gilt. Nutzen Sie dieses Werk als vergnügliches Lesebuch oder zum Nachschlagen, wenn ein heiterer oder besinnlicher Spruch gesucht wird.

Jedem Albumbesitzer sei empfohlen, einen ersten Vers in sein Büchlein hineinzuschreiben:

Wenn sich die Sprüche widersprechen,
ist's eine Tugend, kein Verbrechen.
Du lernst nur wieder von Blatt zu Blatt,
daß jedes Ding zwei Seiten hat.

In diesem Sinne soll der Leser diese Sammlung der unterschiedlichsten Sprüche, Verse, Weisheiten, Ratschläge und Reime verstehen.

So kommst du durch die weite Welt

Kluge Sprüche führen den jungen Menschen scheinbar leicht durchs Leben, wenn er nur die weisen Ratschläge befolgt. Da ist von allerlei Unerquicklichem die Rede, doch wenn man seiner Väter gedenkt, froh und heiter und ehrlich ist, arbeitsam, still und klug, dann bedeutet es am Ende nichts anderes, als daß der Leser nur ein paar Dinge beachten muß, glücklich durchs Leben zu kommen. Manch ein gedankenreicher Vers ist es durchaus wert, überdacht zu werden, manch ein Spruch sollte beherzigt werden.

> Wenn du dereinst eine eigene Familie begründest,
> sei dir bewußt, daß wahres Glück
> in der Verantwortung beruht.
>
> Spruch

Der eine Mensch wird früher fertig,
der andere später,
die Allerbesten wahrscheinlich niemals.

Spruch

Hat man viel, so wird man bald
noch viel mehr dazubekommen.
Wer nur wenig hat, dem wird
auch das Wenige genommen.
Wenn du aber gar nichts hast,
ach, so lasse dich begraben;
denn ein Recht zum Leben, Lump,
haben nur, die etwas haben.

Heinrich Heine

Rechthabers Meinung ist die rechte,
wenn er spricht, müßt ihr verstummen,
sonst erklärt er euch für Schlechte
oder nennt euch gar „die Dummen".
Leider sind dergleichen Strolche
keine seltene Erscheinung.
Wer nicht taub, der meidet solche
Ritter von der eigenen Meinung.

Wilhelm Busch

Ernst bei der Arbeit.
Heiter beim Spiel.
Immer frisch vorwärts,
so kommt man ans Ziel.

Spruch

Der eine wartet, daß die Zeit sich wandelt –
der andere packt sie kräftig an und handelt.

Spruch

Sprich nie ein hartes Wort,
womit du jemand kränkst,
du triffst vielleicht sein Herz
viel tiefer, als du denkst.

Spruch

Ohne Arbeit früh bis spät
kann dir nichts geraten.
Neid sieht nur das Blumenbeet,
aber nicht den Spaten.

Spruch

Mit der Laterne nicht,
mit dem Herzen suche die Menschen;
denn der Liebe allein
öffnen die Menschen ihre Herzen.

Spruch

Es ist nicht genug zu wissen,
man muß es auch anwenden.
Es ist nicht genug zu wollen,
man muß es auch tun.

Spruch

Quält dich in tiefster Brust
das harte Wort „du mußt",
so macht nur eins dich still,
das stolze Wort „ich will".

Spruch

Die Einbildung tröstet die Menschen über das,
was sie nicht sein können,
und der Humor tröstet sie über das,
was sie wirklich sind.

Spruch

Ein bißchen mehr Freude,
weniger Streit,
etwas mehr Güte,
weniger Neid,
auch viel mehr Wahrheit immerdar,
und viel mehr Hilfe bei Gefahr,
ein bißchen mehr „wir",
weniger „ich",
ein bißchen mehr Kraft, nicht so zimperlich,
und viel mehr Blumen während des Lebens;
denn auf den Gräbern sind sie vergebens.

Spruch

Man kann alle Menschen einige Zeit
und einige Menschen alle Zeit,
aber nie alle Menschen alle Zeit
zum Narren halten!

Spruch

Durch die weite Welt

Das sind die Weisen,
die durch Irrtum zur Wahrheit reisen.
Die bei dem Irrtum verharren,
das sind die Narren.

Friedrich Rückert

Es gibt dreierlei Wege,
klug zu handeln:
Erstens, durch Nachahmung,
das ist der leichteste;
zweitens, durch Erfahrung,
das ist der bitterste;
drittens, durch Denken,
das ist der klügste!

Spruch

Willst bei den Menschen du was gelten,
gib dich nicht um kleinen Preis,
denn die Welt läßt den nur gelten,
der sich selbst zu schätzen weiß.

Spruch

Wer die Welt zu sehr liebt,
kommt nicht dazu,
über sie nachzudenken.
Wer sie zu wenig liebt,
kann nicht gründlich genug
über sie nachdenken.

Spruch

Das sind die Starken im Lande,
die unter Tränen lachen,
eigene Sorgen verbergen
und andere glücklich machen.

Spruch

Fragen zu stellen,
während wir durch diese Welt
der vielen unsichtbaren Dinge wandeln,
ist Aufgabe unseres Daseins und Schaffens.
Und der, der keine Fragen stellt,
verdiente, in der tiefsten Erde zu liegen;
denn er ist tot und hat nie gelebt.

Spruch

Durch die weite Welt

Es war nur ein sonniges Lächeln,
es war nur ein freundliches Wort,
doch scheuchte es lastende Wolken
und schwere Gedanken fort.

Es war nur ein warmes Grüßen,
der tröstende Druck einer Hand,
doch schien's wie die leuchtende Brücke,
die Himmel und Erde verband.

Ein Lächeln kann Schmerzen lindern,
ein Wort kann von Sorgen befrei'n,
ein Händedruck Sünde verhindern
und Liebe und Glaube erneu'n.

Es kostet dich wenig, zu geben
Wort, Lächeln und helfende Hand,
doch arm und kalt ist dein Leben,
wenn keiner solch' Trösten empfand.

Spruch

Leuchtende Tage –
nicht weinen,
daß sie vorüber,
sondern lächeln,
daß sie gewesen.

Spruch

Nicht wissen,
aber Wissen vortäuschen,
ist ein Laster.
Wissen,
aber sich dem Nichtwissenden
gleich verhalten,
ist Weisheit.

Spruch

Jeder Lenz bringt neue Lieder,
jeder Tag bringt neues Licht.
Vieles in der Welt kehrt wieder,
doch die schöne Schulzeit nicht.

Spruch

Freude will nach außen dringen,
sperrt man sie im Engen ein,
hört sie plötzlich auf zu singen,
hört sie auf, ein Glück zu sein.

Spruch

Durch die weite Welt

Das Herz ist eine Harfe,
Gefühl die Saiten drauf.
Das Leben gibt die Noten,
das Schicksal spielt sie auf.
Bald greift es Dissonanzen,
bald spielt es Dur, bald Moll,
bald klingen schrill die Töne,
bald schmelzend, sehnsuchtsvoll.
So spielt es im ew'gen Wechsel,
daß wild und sanft es klingt,
so spielt es unaufhörlich,
spielt, bis die Harfe springt.

Spruch

Zwei Dinge sind schädlich für jeden,
der die Stufen des Glücks will ersteigen:
Schweigen, wenn Zeit ist zu reden
und reden, wenn Zeit ist zu schweigen.

Spruch

Äuglein klar,
Mündlein wahr,
Herzchen rein,
so soll's sein.

Spruch

Am Abend wird man klug
für den vergangenen Tag,
doch niemals klug genug
für den, der kommen mag.

Friedrich Rückert

Die Arbeit ist oft unbequem,
die Faulheit ist es nicht.
Trotzdem:
Der kleinste Ehrgeiz, hat man ihn,
ist stets der Faulheit vorzuziehn.

Spruch

Hab Sonne im Herzen,
ob's stürmt oder schneit,
der Himmel voll Wolken,
die Erde voll Streit.

Hab Sonne im Herzen,
dann komme was mag,
dann leuchtet voll Licht dir
der dunkelste Tag.

Spruch

Durch die weite Welt

Die Wahrheit zu nennen
ist ein Spiel,
die Wahrheit zu erkennen,
ist viel;
die Wahrheit zu sagen,
ist schwer,
die Wahrheit zu ertragen,
ist mehr.

Spruch

Kopf ohne Herz macht böses Blut,
Herz ohne Kopf ist auch nicht gut,
wo Glück und Segen soll'n gedeihn,
muß Kopf und Herz zusammen sein.

Spruch

Wie an dem Tag, der dich der Welt verliehen,
die Sonne stand zum Gruße der Planeten,
bist alsobald und fort und fort gediehen
nach dem Gesetz, wonach du angetreten.
So mußt du sein, dir kannst du nicht entfliehen,
so sagten schon Sibyllen, so Propheten;
und keine Zeit und keine Macht zerstückelt
geprägte Form, die lebend sich entwickelt.

Johann Wolfgang Goethe

Sich mit äußeren Dingen schmücken,
das ist wahrlich keine Kunst.
Auf dein Inneres sollst du blicken,
diese Werte stehn in Gunst.
Äußerer Tand mag Glanz dir geben;
es zählen die inneren Werte im Leben.

Spruch

Wohl blühet jedem Jahre
   sein Frühling, mild und licht,
auch jener große, klare,
   getrost! er fehlt dir nicht;
es ist dir noch beschieden
   am Ziele deiner Bahn,
du ahnest ihn hienieden
   und droben bricht er an.

Ludwig Uhland

Ist groß der Brunnen oder klein,
das laß dir keine Sorge sein.
Aus beiden trinkst du frischen Mut,
ist nur das Wasser rein und gut.

Spruch

Im Alter werden Freunde selten.
Drum, die du hast, die lasse gelten!
Recht kannst du manchmal leicht behalten,
doch schwer den Freund, den guten, alten!

Weißt du, wenn früh die Sonne scheint,
ob abends nicht der Himmel weint?
Es ist nicht alles Gold, was glänzt.
Ein Beispiel: Wer die Schule schwänzt,
der fühlt sich gleich als freier Mann,
obwohl er – nun nichts lernen kann.
Mit Fleiß und Arbeit hast du's leichter
im Leben; ärmer ist und seichter
dein Dasein nicht, scheint's dir auch sauer:
Nur Arbeit hilft und nützt auf Dauer.
Es hat nun mal (was jeder weiß),
im Leben alles seinen Preis.

Im Glück erfährst du nicht,
wer's ehrlich mit dir meint,
nur wer im Unglück zu dir hält,
der ist dein wahrer Freund.

Sei immer fröhlich und heiter,
kein Leiden betrübe dein Herz!
Das Glück sei stets dein Begleiter,
nie treffe dich Kummer und Schmerz!

Spruch

Kannst du nicht wie ein Adler fliegen,
klett're nur Schritt für Schritt bergan.
Wer mit Mühe den Gipfel gewann,
hat auch die Welt zu Füßen liegen.

Spruch

Wer vom Ziel nicht weiß,
kann den Weg nicht haben,
wird im selben Kreis
all sein Leben traben,
kommt am Ende hin
wo er hergerückt,
hat der Menge Sinn
nur noch mehr zerstückt.

Christian Morgenstern

Durch die weite Welt

Nichts hält für die Ewigkeit.
Schnell verronnen ist die Zeit,
schnell vergessen ist, was war;
aber eins ist sonnenklar:
Was von daheim dir mitgegeben,
nimmt man niemals dir im Leben,
(selbst wenn du unter die Räuber fällst!),
wenn du es nur in Ehren hältst.
Auf Elternworte darfst du bauen,
nur ihnen kannst du ganz vertrauen.
Was auch das Leben bringen mag:
Für jeden kommt einmal der Tag,
da er allein auf sich gestellt.
Dann hadre nicht mit dieser Welt.
Du weißt, wenn's allzu stürmisch wird:
Zwei Anker gibt es; unbeirrt
stehn deine Eltern dir zur Seite.
In jeder Not, und nicht nur heute,
solang noch ihre Kräfte reichen,
werden sie von deiner Seit' nicht weichen!

Spruch

Solange Herz und Augen offen,
um sich am Schönen zu erfreun,
solange darfst du freudig hoffen,
daß auch die Welt in Ordnung sei.

Spruch

Sonne und Regen,
die wechseln sich ab,
mal geht's im Schritt,
mal geht's im Trab.
Fröhlichkeit, Traurigkeit,
beides kommt vor,
eins nur ist wichtig:
Trag's mit Humor!

Spruch

Martina, lerne Menschen kennen,
Menschen sind veränderlich,
die dich heute Freundin nennen,
reden morgen über dich.

Spruch

Weißt du, was in dieser Welt
mir am meisten wohlgefällt?
Daß die Zeit sich selbst verzehret
und die Welt nicht ewig währet.

Friedrich von Logau

Durch die weite Welt

Feiger Gedanken
bängliches Schwanken,
weibisches Zagen,
ängstliches Klagen
wendet kein Elend,
macht dich nicht frei.
Allen Gewalten
zum Trotz sich erhalten,
nimmer sich beugen,
kräftig sich zeigen,
rufet die Arme
der Götter herbei.

Johann Wolfgang Goethe

Sei nicht ein Wind- und Wetterhahn
und fang nicht immer Neues an.
Was du dir einst hast vorgesetzt,
dabei beharre bis zuletzt.

Spruch

Immer fröhlich, immer heiter,
immer niedlich und so weiter,
sei bescheiden, aber klug,
nun, das denk ich, ist genug.

Spruch

Wo wir uns der Sonne freuen,
sind wir jede Sorge los,
daß wir uns in ihr zerstreuen,
darum ist die Welt so groß.

Spruch

Wenn du recht schwer betrübt bist,
daß du meinst,
kein Mensch auf der Welt könne dich trösten,
so tue jemand etwas Gutes
und gleich wird's besser sein.

Spruch

Sieh, das ist Lebenskunst:
Vom schweren Wahn
des Lebens
sich befrein,
fein hinzulächeln
übers große Muß.

Christian Morgenstern

Durch die weite Welt

Der eine fragt: „Was kommt danach?"
Der andre fragt nur: „Ist es recht?"
Und also unterscheidet sich
der Freie von dem Knecht.

Theodor Storm

Wer mit dem Leben spielt,
kommt nie zurecht;
wer sich nicht selbst befiehlt,
bleibt immer ein Knecht.

Johann Wolfgang Goethe

Selbst erfinden ist schön; doch glücklich von
andern Gefundnes fröhlich erkannt und
geschätzt: nennst du das weniger dein?

Johann Wolfgang Goethe

Das Leben besteht aus guten und schlechten Tagen,
und meistens liegt es an uns,
wie diese Tage beschaffen sind.

Spruch

Haß bringt die Menschheit nicht vorwärts,
aber er gedeiht hierzulande und in
anderen Breiten wie Unkraut.
Man muß sich bücken und ihn mit Liebe jäten.

Spruch

Wer sich über alles freut,
hat nicht Zeit zum Klagen.
Tausend Freuden hat die Welt,
nicht nur tausend Plagen.

Spruch

Glücklich, wem die Tage fließen
wechselnd zwischen Freud und Leid,
zwischen Schaffen und Genießen,
zwischen Welt und Einsamkeit.

Emanuel Geibel

Die Jugend ist die beste Zeit
im ganzen Leben weit und breit.

Spruch

Durch die weite Welt

Im Frühling prangt die schöne Welt
in einem fast smaragdnen Schein,
im Sommer glänzt das reife Feld
und scheint dem Golde gleich zu sein;
im Herbste sieht man als Opalen
der Bäume bunte Blätter strahlen;
im Winter schmückt ein Schein wie Diamant
und reines Silber Flut und Land.
Ja kurz, wenn wir die Welt besehn,
ist sie zu allen Zeiten schön.

Barthold Brockes

Was jung ist, will jung sein.
Das ist so der Brauch.
Als wir jung waren,
wollten wir's auch.

Cäsar Flaischlen

Sei deiner Welt, soviel du kannst, ein Engel,
so wird sie dir, trotz dem Gefühl der Mängel,
soviel sie kann, dafür ein Himmel sein.

Spruch

Schläft ein Lied in allen Dingen,
die da träumen fort und fort,
und die Welt hebt an zu singen,
triffst du nur das Zauberwort.

Joseph Eichendorff

Der Mann, der das Wenn und das Aber erdacht,
hat sicher aus Häckerling Gold schon gemacht.

Gottfried August Bürger

Sollen dich die Dohlen nicht umschrei'n,
muß du nicht Knopf auf dem Kirchturm sein.

Johann Wolfgang Goethe

„So sei doch höflich!"
Höflich mit dem Pack?
Mit Seide näht man
keinen groben Sack!

Spruch

Durch die weite Welt

Nutze deine jungen Tage,
lerne zeitig, klüger sein.
Auf des Glückes großer Waage
steht die Zunge selten ein:
du mußt steigen oder sinken,
du mußt herrschen und gewinnen
oder dienen und verlieren,
leiden oder triumphieren,
Amboß oder Hammer sein!

Johann Wolfgang Goethe

Mit Mädchen sich vertragen,
mit Männern rumgeschlagen,
und mehr Kredit als Geld:
So kommst du durch die Welt!

Johann Wolfgang Goethe

Wie die Biene sammelt Honig,
also sammle Weisheit ein,
ist die Blütezeit vorüber,
ist der Blütenhonig dein.

Spruch

Alles Schöne, alles Gute, alles Glück auf dieser Welt;
bleib gesund und bleibe fröhlich, tue das, was dir gefällt!

Spruch

Ein kleines Lied – wie geht's nur an,
daß man so lieb es haben kann,
was liegt darin? Erzähle!
Es liegt darin ein wenig Klang,
ein wenig Wohllaut und Gesang
und eine ganze Seele.

Marie von Ebner-Eschenbach

Sei freundlich gegen jedermann,
dann sehen dich alle freundlich an!

Spruch

Zeiten gibt es, da des Glücks zuviel,
und Zeiten, da es zuwenig.
Tage gibt es, da du Bettler bist,
und Stunden, in denen du König.

Cäsar Flaischlen

Durch die weite Welt

Unter Rosen soll dein Leben
fließen wie ein sanfter Bach,
und der Himmel möge geben,
was dein Herz nur wünschen mag.

Spruch

Sei wie das Veilchen im Moose,
so sittsam bescheiden und rein,
und nicht wie die prahlende Rose,
die immer bewundert will sein.

Spruch

Sage nie „Das kann ich nicht!"
Vieles kannst du, will's die Pflicht.
Schweres kannst du, will's die Liebe,
darum dich im Schwersten übe.
Schweres fordern Lieb' und Pflicht,
drum sage nie:
„Das kann ich nicht."

Spruch

Schlägt eine Hoffnung fehl,
nie fehle uns das Hoffen.
Ein Tor ist zugetan,
doch tausend sind noch offen.

Spruch

Laß das Köpfle nie hängen,
hab stets frohen Mut,
einst wird's wieder helle,
einst wird alles gut.

Spruch

Unter Rosen und Narzissen
fließe stets dein Leben hin,
Weisheit sei dein Ruhekissen,
Tugend deine Führerin.

Spruch

Lache – und die Welt lacht mit dir.
Weine – und du weinst allein!

Spruch

Durch die weite Welt

Wer wie ein Kind genießt den Tag,
hat keinen zu bereuen
und kann sich, was auch kommen mag,
auf etwas Neues freuen.

Spruch

Laß dich nicht unterkriegen,
zeig nur kein trüb' Gesicht.
Mit Lachen wirst du siegen,
mit Tränen schaffst du's nicht.

Spruch

Des Lebens ungemischte Freude
ward keinem Irdischen zuteil;
noch keinen sah ich glücklich enden,
auf den mit immer vollen Händen
die Götter ihre Gaben streun.

Friedrich Schiller

In allem sich bescheiden,
nicht klagen und nicht ruh'n
viel lieber Unrecht leiden;
als selber Unrecht tun.

Spruch

Liegt dir Gestern klar und offen,
wirkst du heute kräftig frei,
kannst du auf ein Morgen hoffen,
das nicht minder glücklich sei!

Johann Wolfgang Goethe

Hüt vor dem Alltag, was du Heiliges hast!
Er verstaubt es dir!
Er macht dir's zu Leid
mit seinem Neid,
er macht dir's zur Last!
Hüt vor dem Alltag, was du Heiliges hast!

Cäsar Flaischlen

Das ist der Weisheit letzter Schluß:
Nur der verdient sich Freiheit wie das Leben,
der täglich sie erobern muß.

Johann Wolfgang Goethe

Recht tun und edel sein und gut,
ist mehr als Gold und Ehr',
da hat man immer guten Mut
und Freuden um sich her.

Matthias Claudius

Mit der Freude zieht der Schmerz
traulich durch die Zeiten.
Schwere Stürme, milde Weste,
bange Sorgen, frohe Feste
wandeln sich zur Seiten.
Und wo eine Träne fällt,
blüht auch eine Rose.
Schon gemischt, noch eh' wir's bitten,
ist für Throne und für Hütten
Schmerz und Lust im Lose.

Johann Wolfgang Goethe

Bleib nicht auf ebnem Feld!
Steig nicht zu hoch hinaus!
Am schönsten sieht die Welt
von halber Höhe aus.

Friedrich Nietzsche

Wer offen dir die Fehler sagt,
ob es dich auch verletzt,
nicht schmeichelt oder wie's behagt,
die Worte sorgsam setzt,
der ist fürwahr weit mehr dein Freund,
als der, der schmeichelnd stets erscheint.

Spruch

Verdiene dein Geschick,
sei dankbar und bescheiden,
und fürchte nicht den Blick
von denen, die's beneiden.

Spruch

Durch die weite Welt

Verstand ist ein zweischneidig Schwert
aus hartem Stahl und blankem Schliff,
Charakter ist daran der Griff
und ohne Griff ist's ohne Wert.

Spruch

Will das Glück nach seinem Sinn
dir was Gutes schenken,
sage Dank, und nimm es hin
ohne viel Bedenken.
Jede Gabe sei begrüßt,
doch vor allen Dingen:
das, worum du dich bemühst,
möge dir gelingen!

Wilhelm Busch

Immer wenn du meinst, es geht nicht mehr,
kommt von irgendwo ein Lichtlein her;
daß du es noch einmal wieder zwingst
und von Sonnenschein und Freude singst,
leichter trägst des Alltags harte Last
und wieder Kraft und Mut und Glauben hast.

Spruch

Du sehnst dich weit hinauszuwandern,
bereitest dich zu hohem Flug,
dir selbst sei treu und treu den andern,
dann ist die Enge weit genug.

Spruch

Was du sagst, das sei wahr,
ehrlich bleibe immerdar,
halte Wort auf jeden Fall,
dann traut man dir überall.

Spruch

Seine Freude in der Freude des anderen
finden zu können,
das ist das Geheimnis des Glücks.

Spruch

Was der Welt am meisten fehlt,
sind Menschen,
die sich mit den Nöten anderer beschäftigen.

Spruch

Durch die weite Welt

Freunde, laßt uns lustig sein,
weil der Frühling währet
und der Jugend Sonnenschein
unser Laub verkläret;
Grab und Bahre warten nicht,
wer die Rosen jetzo bricht,
dem ist der Kranz bescheret.
Unsers Lebens schnelle Flucht
leidet keinen Zügel,
und des Schicksals Eifersucht
macht ihr stetig Flügel;
Zeit und Jahre fliehn davon,
und vielleicht, ach, schnitzt man schon
an unsers Grabes Riegel.

Spruch

Der Winter ging, der Sommer kam.
Er bringt aufs neue wieder
den vielbeliebten Wunderkram
der Blumen und der Lieder.
Wie das so wechselt Jahr um Jahr,
betracht' ich fast mit Sorgen.
Was lebte, starb, was ist, es war,
und heute wird zu morgen.
Stets muß die Bildnerin Natur
den alten Ton benützen
in Haus und Garten, Wald und Flur
zu ihren neuen Skizzen.

Wilhelm Busch

Schnell wachsende Keime
welken geschwinde;
zu lange Bäume
brechen im Winde.
Schätz nach der Länge
nicht das Entsprungne;
fest im Gedränge
steht das Gedrungne.

Wilhelm Busch

Wer das Tiefste gedacht, liebt das Lebendigste,
hohe Jugend versteht, wer in die Welt geblickt,
und es neigen die Weisen
oft am Ende zu Schönem sich.

Spruch

Drei Engel mögen dich begleiten
durch deine ganze Lebenszeit.
Und die drei Engel, die ich meine,
sind Liebe, Glück, Zufriedenheit.

Spruch

Durch die weite Welt

Ein Mensch, der in Armut und Hunger gelebt,
der wünschte sich nichts als Sattsein zum Glück.
Er lernte durch Arbeit, sich zu ernähren,
da fehlte ihm nur noch Behausung zum Glück.
Er hatte Glück; er baute ein Häuschen,
und aus dem Häuschen wurde ein Haus;
bald war er geehrt und erfolgreich geworden;
da fehlte noch Liebe zu seinem Glück.
Schon fand er ein Mädchen; er war nicht mehr
einsam,
doch Krankheit verhindert vollkommenes Glück.
Das Alter bracht' Sorgen, er wurde gebrechlich.
O käme die Jugend noch einmal zurück!
Er hetzte dem Glück nach und konnt's nie erlangen,
stets blieb er im eigenen Wahn gefangen.
Dann ist er am Ende gestorben – zum Glück!
Jag nicht dem Glücke hinterher,
du machst dir nur das Leben schwer.

Spruch

Wer alles ernst nimmt, was Menschen sagen,
darf sich nicht über Menschen beklagen.
Alles Reden ist meist nur Gered.
Weiß man erst, was dahintersteht,
läßt man's klappern wie die Mühlen am Bach
und geht stillfein in sein eigen Gemach.

Christian Morgenstern

Heiter wie ein Maienmorgen,
dessen Duft das Herz erfreut,
ungetrübt von Leid und Sorgen
sei dein Leben, so wie heut.

Spruch

Wenn man zu dir wird sprechen:
„Biegen oder brechen!"
sag lieber brechen als biegen.
Dann wirst du sicher siegen.

Spruch

Er pochte an manche Herzenstür,
und drinnen rief's: „Herein!"
Er bat um einen Bissen Brot,
man gab ihm einen Stein.
Und so bekam er Stein auf Stein.
Er trug sie heimatwärts
und baute sich ein Mauerwerk
rings um sein eigenes Herz.

Spruch

Durch die weite Welt

Du liebes Plappermäulchen,
bedenk dich erst ein Weilchen,
und sprich nicht so geschwind!
Du bist wie unsre Mühle
mit ihrem Flügelspiele
im frischen Sausewind.
Solang der Müller tätig
und schüttet auf, was nötig,
geht alles richtig zu;
doch ist kein Korn darinnen,
dann kommt das Werk von Sinnen
und – klappert so wie du.

Wilhelm Busch

Halt dein Rößlein nur im Zügel,
kommst ja doch nicht allzuweit.
Hinter jedem neuen Hügel
dehnt sich die Unendlichkeit.

Wilhelm Busch

In der Pause, das ist klar,
schmeckt ein Apfel wunderbar;
noch ein gutes Buch dazu,
und die Welt ist schön im Nu.

Spruch

Du siehst, wohin du siehst, nur Eitelkeit auf Erden.
Was dieser heute baut, reißt jener morgen ein;
wo jetzt noch Städte stehn, wird eine Wiese sein,
auf der ein Schäferskind wird spielen mit den Herden.
Was jetzt so prächtig blüht, soll bald zertreten werden;
was heut so pocht und trotzt, ist morgen Asch' und Bein;
nichts ist, das ewig sei –, kein Erz, kein Marmorstein.
Noch lacht das Glück uns an, bald donnern die
Beschwerden.

Spruch

Haß, als Minus und vergebens,
wird vom Leben abgeschrieben.
Positiv im Buch des Lebens
steht verzeichnet nur das Lieben.
Ob ein Minus oder Plus
uns verblieben, zeigt der Schluß.

Wilhelm Busch

Wer nicht auf gute Gründe hört,
dem werde einfach zugekehrt
die Seite, welche wir benützen,
um drauf zu liegen und zu sitzen.

Wilhelm Busch

Durch die weite Welt

Nie stille steht die Zeit,
der Augenblick entschwindet,
hast du ihn nicht genutzt,
hast du ihn nicht gelebt.

Spruch

Sucht dich die Freude, grüße sie,
sie schmückt das Erdenleben.
Gib Raum ihr, doch vergiß es nie,
daß Flügel ihr gegeben.

Spruch

Nur einmal bringt der Jahreslauf
uns Lenz und Lerchenlieder.
Nur einmal blüht die Rose auf
und dann verwelkt sie wieder.
Nur einmal gönnt uns das Geschick,
so jung zu sein auf Erden.
Hast du versäumt den Augenblick,
jung wirst du nie mehr werden.

Spruch

Nutze der Jugend schöne Stunden,
sie kennen keine Wiederkehr,
einmal entschlüpft, einmal entschwunden,
zurück kehrt keine Jugend mehr.

Spruch

Ein Mensch in seinem ersten Zorn
wirft leicht die Flinte in das Korn.
Und wenn ihm dann der Zorn verfliegt,
die Flinte dort im Korne liegt.
Der Mensch bedarf dann mancher Finte,
zu kriegen eine neue Flinte.

Spruch

Wenn dich das Leid des Lebens drückt,
und deine Seele bebt und weint,
wenn dich kein Sonnenstrahl entzückt,
und dir so weit dein Glück erscheint:
Dann such dir eine Menschenseele,
die mit dir fühlt und dich versteht,
und was dein Herz auch immer quäle,
sei dir gewiß, daß es vergeht.

Spruch

Durch die weite Welt

Ein Augenblick der Geduld
kann vor großem Unglück bewahren,
ein Augenblick der Ungeduld
ein ganzes Leben zerstören.

Spruch

Bedenke, daß die menschlichen Verhältnisse
insgesamt unbeständig sind,
dann wirst du im Glück nicht zu fröhlich
und im Unglück nicht zu traurig sein.

Spruch

Im Glück nicht stolz sein
und im Leid nicht zagen,
das Unvermeidliche mit Würde tragen,
das Rechte tun,
am Schönen sich erfreun,
das Leben lieben
und den Tod nicht scheun.

Spruch

Willst das Große du erreichen,
fange mit dem Kleinen an,
deine Tadler werden schweigen,
ist das Kleine groß getan.

Spruch

Immer strebe zum Ganzen,
und kannst du selber ein Ganzes nicht werden,
als dienendes Glied
schließ' an ein Ganzes dich an.

Spruch

Das Beste, was wir tun können
auf dieser Welt, ist:
Gutes tun, fröhlich sein
und die Spatzen pfeifen lassen.

Spruch

Durch die weite Welt

Und kommt es dir zuweilen vor,
als ächze schwer dein Lebenskarren,
öl' rasch die Räder mit Humor,
dann hört er wieder auf zu knarren.

Spruch

Du bist auf dieser Welt nur Gast
auf eine kurze Zeit von Tagen.
Wird's dir so schwer, dich also zu betragen,
daß du nicht andern Gästen wirst zur Last?

Johannes Trojan

Gesell' dich einem Bessern zu,
daß mit ihm deine bessern Kräfte ringen!
Wer selbst nicht besser ist als du,
der kann dich auch nicht weiterbringen.

Spruch

Freunde, die zählst du in Mengen,
solange dir das Glück noch hold ist,
doch sind die Zeiten umwölkt,
bist du verlassen – allein.

Spruch

Viel wirst du geben,
wenn du auch gar nichts gibst
als nur ein Beispiel.

Spruch

Du sollst das Schiff nicht
an einen einzigen Anker
und das Leben
nicht an eine einzige Hoffnung binden.

Spruch

Ob steil der Pfad,
ob schwer die Pflicht,
sage nie: „Das kann ich nicht."

Spruch

Durch die weite Welt

Habe immer etwas Gutes im Sinn
und halte dich zu gut,
etwas Böses zu tun.

Spruch

Beklage nicht den Morgen,
der Müh' und Arbeit gibt.
Es ist so schön zu sorgen
für Menschen, die man liebt.

Spruch

Der beste Weg,
Freunde zu gewinnen,
ist, selbst ein guter Freund zu sein.

Spruch

Wenn du unzufrieden bist
mit deines Glückes Gaben,
so schaue nur auf jene hin,
die noch viel weniger haben.

Spruch

Hundert Freunde im Glück
halten nicht einen Feind zurück,
aber ein Freund in der Not
schlägt hundert Feinde tot.

Spruch

Freu dich des Lebens,
weil noch das Lämpchen glüht;
pflücke die Rose,
eh' sie verblüht!
So mancher schafft sich Sorg und Müh,
sucht Dornen auf und findet sie
und läßt das Veilchen unbemerkt,
das ihm am Wege blüht.
Drum freu dich des Lebens,
weil noch das Lämpchen glüht;
pflücke die Rose,
eh' sie verblüht!

Spruch

Mein Sprüchlein heißt:
Auf Gott vertrau,
arbeite brav
und leb genau!

Gottfried August Bürger

Durch die weite Welt

Weite Welt und breites Leben,
langer Jahre redlich Streben,
stets geforscht und stets gegründet,
nie geschlossen, oft geründet,
ältestes bewahrt mit Treue,
freundlich aufgefaßt das Neue,
heitrer Sinn und reine Zwecke:
Nun, man kommt wohl eine Strecke!

Johann Wolfgang Goethe

Grauer Himmel – trübe Tage!
Keine Lust und keine Plage,
weder Sturm, noch Sonnenglanz;
grauer Stunden dunkler Kranz.
Manchmal muß es doch gewittern!
Manchmal muß das Herz erzittern,
muß in Leid und Freud erbeben;
wie so öd wär sonst das Leben!

Heinrich Seidel

Die Freuden, die in der Heimat wohnen,
die suchst du vergebens in fernen Zonen.

August Mahlmann

Es gibt im Leben Stunden,
da zieht man sich zurück
von dem Gewühl der Menge,
von jedem Menschenblick.
Man setzt sich hin und träumt dann,
denkt der Vergangenheit,
manch froh erlebter Tage
und an die Jugendzeit.
Gedenkt wohl eines jeden,
den näher man gekannt –
der Freundinnen und Freunde,
die man im Leben fand.
Hervor nimmt man das Album,
das lang vergessen blieb,
durchblättert seine Seiten
und liest, was jeder schrieb.
Es schwebt manch teurer Name
dem regen Geiste vor,
manch längst Vergessenes taucht dann
ans Tageslicht empor.
Und es entsteht ein Wogen
von Bildern, schön und viel;
sie schwinden, kehren wieder,
ein tolles Maskenspiel.
Und in dem Aug, dem trüben
sieht man bald Tränen stehn.
Der Mund, der flüstert leise:
Die Zeiten waren schön!

Spruch

Durch die weite Welt

Die Freude und der Schmerz,
die stritten um die Wette,
wer an das Menschenherz
das meiste Anrecht hätte.
Da trat die Lieb hinzu
und sprach: O laßt das Streiten!
Mein ist das Menschenherz,
ihr sollt es nur begleiten.

Spruch

Ich wünsche jedem, der sich tapfer stellt,
zum Kampf mit aller Unbill dieser Welt,
ein trautes Plätzchen, wo er dann und wann
die ganze Welt – vergessen kann.

Spruch

In der Welt fährst du am besten,
sprichst du stolz mit stolzen Gästen,
mit bescheidenen bescheiden,
aber wahr und klar mit beiden.

Anastasius Grün

Zweierlei laß dir gesagt sein,
willst du stets in Weisheit wandeln
und von Torheit nie geplagt sein:
Laß das Glück nie deine Herrin,
nie das Unglück deine Magd sein.

Friedrich Bodenstedt

Der Mensch gleicht einer Münze, Freund!
Ist er von gutem Korn, und scheint
dir echt sein Schlag und ist noch scharf sein Rand,
dann reich ihm unverweilt die Hand.
Griff aber schon die Welt zu sehr ihn ab,
so mindert dies den Wert, den die Natur ihm gab.
Doch hat ihn gar die Kunst beschnitten,
dann, Freund, magst du dich vor ihm hüten.

Aloys Blumauer

Mal gibt es Regen, und dann wieder Sonne,
mal hast du Trauer, mal Freuden und Wonne.
Mal geht es dir gut, mal fühlst du dich mies:
Nimm's, wie es kommt; akzeptiere dies!

Spruch

Immer munter und frisch
wie im Wasser der Fisch,
wie im Kleefeld der Has,
wie der Heuschreck im Gras,
wie das Entlein im See,
wie das Füchslein im Schnee,
wie das Fröschlein am Bach,
wie der Spatz auf dem Dach,
wie das Fähnlein im Wind,
immer munter, mein Kind!

Spruch

Pflanz einen Baum;
und kannst du auch nicht ahnen,
wer einst in seinem Schatten tanzt,
bedenke, Freund: Es haben unsere Ahnen,
ehe sie dich kannten, auch für dich gepflanzt.

Spruch

Sei ohne Harm und ohne Groll,
die Welt ist manchen Zufalls voll.
Wenn du stets schaffst in guter Ruh,
fällt dir vielleicht ein Glückslos zu.

Spruch

Die Freundschaft währt ewig,
die Liebe vergeht,
drum wähle die Freundschaft,
die ewig besteht.
Die Liebe bringt Rosen,
die Freundschaft die Ruh,
drum wähle die beiden
und glücklich bist du!

Spruch

Eine Welle sagt zur andern:
„Ach, wie rasch ist dieses Wandern!"
Und die zweite sagt zur dritten:
„Kurz gelebt ist kurz gelitten."

Karl Rudolph Tanner

Sei fröhlich wie der Optimist,
der alles Schlechte schnell vergißt.
Gräm dich nicht, reg dich nicht auf,
das Leben nimmt doch seinen Lauf.

Spruch

Wähnen, glauben, fürchten, lieben,
sich erfreuen und betrüben,
bald sich wagen, bald besinnen,
oft verlieren, oft gewinnen,
sich vertiefen, sich erheben,
zwischen Furcht und Hoffnung schweben,
Traum mit Wirklichkeit verweben,
doch, wo möglich, vorwärts streben:
das ist eben – Menschenleben!

H. G. Nägeli

Wenn der Mensch sich etwas vornimmt,
so ist ihm mehr möglich als man glaubt.

Johann Heinrich Pestalozzi

Wer lustigen Mut zur Arbeit trägt
und rasch die Arme stets bewegt,
sich durch die Welt noch immer schlägt.
Der Träge sitzt, weiß nicht, wo aus,
und über ihn stürzt ein das Haus.
Mit frohen Segeln munter
fährt der Frohe das Leben hinunter.

Ludwig Tieck

Im Fleiß kann dich die Biene meistern,
in der Geschicklichkeit ein Wurm dein Meister sein,
dein Wissen teilest du mit vorgezognen Geistern,
die Kunst, o Mensch! hast du allein.

Friedrich Schiller

Wie sich dein Leben wendet,
wie lang dich's quält, wie kurz dir's lacht:
die Zeit ist nie verschwendet,
in der du jemand frohgemacht.

Frida Schanz

Wissen heißt, die Welt verstehen;
Wissen lehrt verrauschter Zeiten
und der Stunde, die da flattert,
wunderliche Zeichen deuten.
Und da sich die neuen Tage
aus dem Schutt der alten bauen,
kann ein ungetrübtes Auge
rückwärts blickend vorwärts schauen.

Friedrich Wilhelm Weber

Durch die weite Welt

Sei fröhlich wie ein Vögelein,
sing lustig in den Tag hinein.
Des Lebens Ernst, er kommt noch früh,
die Jugend nütz, genieße sie!

Spruch

Allzeit fröhlich ist gefährlich,
allzeit traurig ist beschwerlich,
allzeit glücklich ist betrüglich,
eins ums andre ist vergnüglich.

J. von Radowitz

Ein einsames Stübel
ist manchmal nicht übel,
ein Mädchen – dein Liebel –
und mehrere Kübel
voll schäumenden Bier,
dies alles hernieden
zu genießen in Frieden,
das wünsche ich dir.

Spruch

Diese Welt ist doch die beste,
und sie lebt sich ziemlich gut
mit Gesundheit, Geld und Tugend
und ein bißchen Übermut.

Eduard von Bauernfeld

Rufe nicht vergangene Tage,
nicht entschwundene Zeit zurück;
leb der Gegenwart und klage
nimmer um verschwundenes Glück!

Heinrich Zeise

Es hilft uns kein Gedeutel,
so nimm es, wie es fällt:
Der eine hat den Beutel,
der andre hat das Geld.
Es läßt sich nichts erklopfen:
Der eine hat den Wein,
der andre hat die Pfropfen.
Man muß zufrieden sein.

Theodor Fontane

Durch die weite Welt

Der Himmel ist blau,
und grün ist die Au,
und die Welt ist so rund,
dran schau dich gesund!

Karl Schimper

Sei tapfer, wenn die Masten krachen,
daß du nicht schreckversteinert stehst;
du wirst die Wogen dienstbar machen,
sobald du klug das Steuer drehst.
Gern packt das Unglück deine Schwächen
o kämpfe, daß du nicht erliegst;
und kannst du auch den Sturm nicht brechen,
so brich nur selbst nicht, und du siegst!

Otto Bank

Keinen deiner künftigen Tage
trübe nur die kleinste Plage,
möchten so doch, mild und rein,
alle Frühlingstage sein.

Spruch

Hold wie die Morgenröte
im jungen Lenz erwacht
und auf dem Blumenbeete
die sanfte Rose lacht.
So wandle du im Segen
und immer heitern Sinn
auf blumenreichen Wegen
dein schönes Leben hin.

Spruch

Ach, was soll der Mensch verlangen?
Ist es besser, ruhig bleiben,
klammernd fest sich anzuhangen?
Ist es besser, sich zu treiben?
Soll er sich ein Häuschen bauen?
Soll er unter Zelten leben?
Soll er auf die Felsen trauen?
Selbst die festen Felsen beben.
Eines schickt sich nicht für alle.
Sehe jeder, wie er's treibe,
sehe jeder, wo er bleibe,
und wer steht, daß er nicht falle!

Johann Wolfgang Goethe

Durch die weite Welt

Was auch kommen mag:
Sei ohne Sorgen!
Nach jeder Nacht
kommt ein neuer Morgen.
In jedes Dunkel
kommt mal ein Licht,
das hell und strahlend
durch Wolken bricht.

Spruch

Glück ist wie ein Sonnenblick;
niemand kann's erjagen,
niemand von sich sagen,
daß er heut und alle Frist
ohne Wunsch und glücklich ist.
Glück ist wie ein Sonnenblick.
Erst wenn es vergangen,
erst in Leid und Bangen
denkt ein Herz und fühlt es klar,
daß es einmal glücklich war.

Martin Greif

Unbemerkt durchs Leben schleichen,
wandeln still im Musenhain,
gehn im Mittagssonnenschein
unter Palmen oder Eichen,
keinen Herzensforscher scheu'n
und mit sich zufrieden sein,
hilft den höchsten Zweck erreichen!

Johann Wilhelm Ludwig Gleim

Wenn jemand schlecht von deinem Freunde spricht,
und scheint er noch so ehrlich, glaub ihm nicht.
Spricht alle Welt von deinem Freunde schlecht,
mißtrau der Welt und gib dem Freunde recht.
Nur wer so standhaft seine Freunde liebt,
ist wert, daß ihm der Himmel Freunde gibt.
Ein Freundesherz ist ein so seltner Schatz,
die ganze Welt ist dafür nicht Ersatz.

Friedrich Bodenstedt

Das flüchtge Lob, des Tages Ruhm
magst du dem Eitlen gönnen;
das aber sei dein Heiligtum:
Vor dir bestehen können!

Theodor Fontane

Durch die weite Welt

Flüchtig verrinnen die Jahre!
Schnell von der Wiege zur Bahre
trägt uns der Fittich der Zeit:
Noch sind die Tage der Rosen,
schmeichelnde Lüfte umkosen
Busen und Wangen uns heut.
Brüder, genießt die Zeit!

August Mahlmann

In deinen fröhlichen Tagen
fürchte des Unglücks tückische Nähe!
Nicht an die Güter hänge dein Herz,
die das Leben vergänglich zieren!
Wer besitzt, der lerne verlieren;
wer im Glück ist, lerne den Schmerz.

Friedrich Schiller

Willst du lustig leben,
geh mit zwei Säcken;
einen zum Geben,
einen, um einzustecken.
Da gleichst du Prinzen,
plünderst und beglückst Provinzen.

Johann Wolfgang Goethe

Wenn Gift und Galle die Welt dir beut,
und du möchtest das Herz dir gesund bewahren:
Mach andern Freude! Du wirst erfahren,
daß Freude freut.

Friedrich Theodor Vischer

Auf des Lebens rauhem Weg begegnet
jeder einem Engel, der ihn segnet,
wenn er ihn erkennt und ihn versteht
und nicht blind an ihm vorübergeht.
Überall durch diese Welt voll Mängel
sendet Wahrheit ihre guten Engel,
um der Menschen Herzen zu umfrieden;
dir auch ist der deinige beschieden,
ernst und mild auf deinem Gang durchs Leben
dir das sicherste Geleit zu geben;
wenn er naht – o weis ihn nicht zurück,
denn nur er bringt dir ein dauernd Glück.

Julius Hammer

Wo man singt, da laß dich ruhig nieder,
ohne Furcht, was man im Lande glaubt;
wo man singt, da wird kein Mensch beraubt,
Bösewichter haben keine Lieder.

Johann Gottfried Seume

Durch die weite Welt

Heute und morgen –
wie eilig verweht!
Jauchzen und Sorgen –
alles vergeht.
Du aber lebe,
als läg deine Zeit
vor dir als ruhende Ewigkeit.
Tapfer handeln,
in Licht verwandeln
Dunkel und Not,
sei dein Gebot!
Was Gutes du tust
mit liebender Hand,
ist von Bestand.

Lenalisa Franke-Hagedorn

Tut man das freudig und gern, was man muß,
so ist man zufrieden und glücklich.

Spruch

Gesell dich einem Bessern zu,
daß mit ihm deine besseren Kräfte ringen.
Wer selbst nicht weiter ist als du,
der kann dich auch nicht weiterbringen.

Friedrich Rückert

Ich wünsche dir die schönsten Vergnügungen
dieser Welt: sich in Gesundheit aalen,
im Geld schwimmen, im Erfolg sonnen.
In Liebe tauchen und in Glück baden!

Spruch

Einem trauen ist genug,
keinem trauen ist nicht klug;
doch ist's besser, keinem trauen
als auf gar zu viele bauen.

Friedrich von Logau

Kannst du das Schöne nicht erringen,
so mag das Gute dir gelingen.
Ist nicht der große Garten dein,
wird doch für dich ein Blümchen sein.
So geht es Tag für Tag; doch eben
aus Tagen, Freund, besteht das Leben.
Gar viele sind, die das vergessen:
Man muß es nicht nach Jahren messen!

Eduard von Bauernfeld

Durch die weite Welt

Drückt dich ein Weh,
zur Mutter hin geh',
sage es ihr,
gern hilft sie dir.

Spruch

Rein wie das Täubchen,
klar wie der Bach,
fließe dein Leben
ohn Ungemach.

Spruch

Suche das Schöne, liebe das Wahre,
strebe zum Guten mit aller Kraft.
Friede und fröhlich das Herz dir bewahre,
daß es ein glückliches Leben dir schafft.

Spruch

Laß' dir niemals rauben,
Hoffnung, Lieb' und Glauben,
welche dir im Leben
Trost und Stärke geben.

Spruch

Wenn du an einer Stelle stehst,
besinne dich der Pflicht!
Wenn du nur gerade Wege gehst,
schreckt dich der Abgrund nicht!

Spruch

Erscheint dir etwas unerhört,
bist du im tiefsten Herzen empört,
bäume nicht auf, versuch's nicht mit Streit,
berühr es nicht, überlaß es der Zeit:
Ärger ist Zehrer und Lebensvergifter,
Zeit ist Balsam und Friedensstifter.

Theodor Fontane

Durch die weite Welt

Ein Kranz von Rosen sei dein Leben,
und jeder Tag bringt Freude dir,
das Glück möcht' immer dich umschweben,
das ist mein Wunsch, das glaube mir!

Spruch

Der Zufall muß hinweg
und aller falscher Schein,
du mußt ganz wesentlich und ungefärbt sein.

Spruch

Kind, du fragst mich, was wir sollen?
Immer nur das Gute wollen,
nach dem Schönen rastlos streben,
wahrhaft sein in Tod und Leben,
vorwärts, nie zurücke schreiten,
wider das Gemeine streiten,
uns den Edelsten vereinen,
was wir sind, auch immer scheinen!
Hast du dieses Ziel errungen,
ist dir, was du sollst, gelungen.

Georg Keil

Zwei Schlüssel öffnen dir jedes Herz,
zwei niedliche kleine, blanke;
gib acht, daß du sie nicht verlierst,
sie heißen „bitte" und „danke".

Spruch

Heil dem Menschen, der die Blicke
gern zu seinen Ahnen kehrt;
seiner Väter soll sich freuen,
wer sich fühlt der Väter wert!

Spruch

Leicht zu leben ohne Leichtsinn,
heiter zu sein ohne Ausgelassenheit,
Mut zu haben ohne Übermut –
das ist die Kunst des Lebens!

Theodor Fontane

Der größte Lehrer kann dich nicht umgestalten.
Er kann dich befrei'n: du mußt dich entfalten!

Ernst von Feuchtersleben

Durch die weite Welt

Was soll dies kindische Verzagen,
dies eitle Wünschen ohne Halt?
Da du der Welt nicht kannst entsagen,
erobre sie dir mit Gewalt!
Und könntest du dich auch entfernen,
es triebe Sehnsucht dich zurück;
denn ach, die Menschen lieben lernen,
es ist das einzge, wahre Glück.
Unwiderruflich dorrt die Blüte,
unwiderruflich wächst das Kind,
Abgründe liegen im Gemüte,
die tiefer als die Hölle sind.
Du siehst sie, doch du fliehst vorüber
im glücklichen, im ernsten Lauf;
dem frohen Tage folgt ein trüber,
doch alles wiegt zuletzt sich auf.

August von Platen

Die Tugend will nicht immer passen.
Im ganzen läßt sie etwas kalt,
und daß man eine unterlassen,
vergißt man bald.
Doch schmerzlich denkt manch alter Knaster,
der von vergangenen Zeiten träumt,
an die Gelegenheit zum Laster,
die er versäumt.

Wilhelm Busch

Als du das Licht der Welt erblickt,
weintest du; es freuten sich die deinen.
Lebe so, daß, wenn dein Aug sich schließt,
du dich freust; die deinen aber weinen.

Spruch

Was geboren wurd, muß sterben.
Was da stirbt, wird neu geboren.
Freund, du weißt nicht, was du warst;
was du jetzt bist, lerne kennen
und erwarte, was du sein willst.

Johann Gottfried von Herder

Willst du Großes, laß das Zagen,
tu's nach kühner Schwimmer Brauch!
Rüstig gilt's, die Flut zu schlagen,
doch es trägt die Flut dich auch.

Emanuel Geibel

Durch die weite Welt

Willst du dich selber erkennen,
so sieh, wie die andern es treiben;
willst du die andern verstehn,
blick in dein eigenes Herz.

Friedrich Schiller

Nur vorwärts frisch und frei den Blick,
darfst ihn nicht trübe senken;
dir wird bescheiden dein Geschick,
doch – selber kannst du's lenken.

Wilhelm Hasenclever

Genieße still zufrieden
den sonnig heitren Tag,
du weißt nicht, ob hienieden
ein gleicher kommen mag.
Es gibt so trübe Zeiten,
da wird das Herz uns schwer,
da wogt von allen Seiten
um uns ein Nebelmeer.
Da wüchse tief im Innern
die Finsternis mit Macht,
ging nicht ein süß Erinnern
als Mondlicht durch die Nacht.

Julius Sturm

Vergiß mein nicht

Nicht umsonst gilt er als der beliebteste Spruch fürs Poesiealbum:

> Rosen, Tulpen, Nelken,
> alle Blumen welken,
> nur das eine nicht,
> es heißt Vergißmeinnicht!

Es scheint ein großes Verlangen des Schreibers zu sein, daß sich der Eigentümer des Poesiealbums auch noch nach Jahren an ihn erinnert. Es sind aber nicht nur die Freunde, die in Erinnerung bleiben wollen, sondern auch die Geschwister, die Großeltern und die Paten. Darüber hinaus bitten die Verse, die Kinder- und Jugendzeit, die Schulzeit, eben die Vergangenheit nicht zu vergessen, denn nur aus ihr heraus schöpft der Mensch Kraft und Kreativität, Geduld und Freude für sein weiteres Leben.

Hinter einem Eisengitter
liegt ein Herz, das weint so bitter,
heb es auf, zertritt es nicht,
denn es heißt Vergißmeinnicht.

Spruch

Und sind wir auch fern voneinander,
so bleiben die Herzen sich nah,
und alle, ja alle wird's freuen,
wenn einem was Gutes geschah.

August von Kotzebue

Sei brav wie ein Engel,
dann hab' ich dich lieb,
denk oft an den Bengel,
der dir dieses schrieb.

Spruch

Der Teufel soll dich holen
mit Pulver und Pistolen,
wenn du je vergißt,
wer die Gabi ist.

Spruch

Wenn du mal sehr traurig bist
und das Lachen ganz vergißt,
schau in dieses Album rein,
gleich wirst du wieder lustig sein.

Spruch

Der schönste Traum des Lebens schwindet,
die Rosen welken mit der Zeit.
Doch was ein Freundschaftsbund umwindet,
das währet fort in Ewigkeit.

Spruch

Vergiß mein nicht

Rosen, Tulpen, Nelken
keimen, blühen, welken.
Aber unsere Freundschaft bleibt
immer und in Ewigkeit.

Spruch

Vergiß nicht in der Ferne
mich, die dich nicht vergaß,
die einst mit dir so gerne
auf einer Schulbank saß.

Spruch

Daß alle, die sich Freunde nennen,
den wahren Wert der Freundschaft kennen,
ist ungewiß.
Doch daß ich dich mit reinem Triebe
und so wie jetzt für immer liebe,
ist ganz gewiß!

Spruch

Das höchste Glück sei dir beschieden!
So wandle froh durchs Leben hin.
In deinem Herzen wohne Frieden,
auch sei für mich ein Plätzchen drin.

Spruch

Hingeschwunden sind die Stunden
unserer Freundschaft wie Sekunden.
Dich vergessen, Freundin? Nein!
Unser Bund soll ewig sein.

Spruch

In dein Büchlein schreib' ich gerne
meinen Namen dir hinein,
hab' diesen Spruch dazu gedichtet,
einzig für dich ganz allein.
Wenn ich dann in weiter Ferne,
bleibt mein Name hier doch steh'n,
bis wir uns mal wiedersehn.

Spruch

Vergiß mein nicht

Liebe Eva, treues Mädchen,
hier hast du von mir ein Blättchen.
Kleb es in dein Album ein
und gedenke öfters mein.

Spruch

Wenn ich dereinst gestorben bin
und unter Blumen schlafe,
dann weidest du als Schäferin
auf meinem Grab die Schafe.

Spruch

Rosen und Nelken
blühen und welken;
aber wie das Immergrün,
so soll unsere Freundschaft blühn.

Spruch

Marmor, Stein und Eisen bricht,
aber unsere Freundschaft nicht.

Spruch

„Freund in der Not" will nicht viel heißen –
hilfreich möchte sich mancher erweisen.
Aber die neidlos ein Glück dir gönnen,
die darfst du wahrlich Freunde nennen.

Paul Heyse

Uns verknüpfen nicht die Bande
der Familie und des Blutes.
Doch als deine Patentante
wünsche ich dir sehr viel Gutes.
Bleibe fromm und brav wie heute,
mache deinen Lieben Freude.
Meide immer Falsches, Schlechtes.
Bleibe, was du warst, fortan:
mir von Herzen zugetan!

Spruch

Ins Album schreib' ich gern hinein,
denn ich will nicht vergessen sein.
Doch lieber will ich im Herz stehen,
weil's Album könnt' verlorengehn.

Spruch

Vergiß mein nicht

Und könnte ich auch dichten,
das reizende Sonett,
es wär' nicht wie du selber,
so reizend und so nett.

Spruch

So wie die Rosen blühen,
so blühe auch dein Glück.
Und wenn du Rosen siehest,
so denk' an mich zurück.

Spruch

Uns're Freundschaft, die soll wurzeln,
bis wir in die Erde purzeln.

Spruch

Als ich die Rosen brach
und mich in die Finger stach,
da hab ich mit Herzblut geschrieben:
Ich werde dich ewig lieben!

Spruch

Immer will dein Freund ich bleiben,
ob du fern bist oder nah,
dies für ewig aufzuschreiben,
dazu ist dies Album da!

Spruch

Ich dachte hin, ich dachte her,
was für dein Album passend wär'.
Da fiel mir ein Gedanke ein –
du sollst für immer glücklich sein!

Spruch

Wandle in Frieden, wandle in Glück,
denke auch manchmal an mich zurück.

Spruch

Nur wenig Worte will ich schreiben:
In deinem Herzen will ich bleiben.
Das sei der treuen Liebe Zeichen,
mag auch des Albums Schrift verbleichen.

Spruch

Vergiß mein nicht

Uns trennen ferne Orte,
behalte dennoch lieb,
dessen Hand dir diese Worte
in dein Album niederschrieb.

Spruch

Ich schreibe nicht gerne ein langes Gedicht,
nur die drei Worte: Vergiß mich nicht!

Spruch

Ein Kränzlein wollt' ich binden,
da kam die dunkle Nacht.
Kein Blümlein war zu finden,
sonst hätt' ich's dir gebracht.

Spruch

Heut' sind wir noch jung an Jahren,
doch die Zeit eilt wie der Wind.
Ob wir noch mit weißen Haaren
so wie heute Freunde sind?

Spruch

Gedenke nah, gedenke fern,
gedenke meiner oft und gern,
gedenke noch in vielen Jahren,
wie wir vergnügt beisammen waren.

Spruch

Freundlich räumtest du
mir ein Plätzchen in diesem Album ein,
ich möchte auch in deinem Herzen
niemals ganz vergessen sein.

Spruch

Spuren im Sand,
dein Name da stand,
der Wind weht und sie verschwinden
das werde ich nicht überwinden.

Spruch

Vergiß mein nicht

Ich bin nicht Goethe, bin nicht Schiller,
dichte nicht wie Gustav Müller,
schreibe dir ganz einfach hin,
daß ich deine Freundin bin.

Spruch

Unsere Freundschaft, die soll brennen
wie ein dickes Dreierlicht,
Freunde wollen wir uns nennen,
bis der Kater Junge kriegt.

Spruch

Wenn in ein paar Jahren
mein Name wird genannt,
so denk an mich und sage,
die hab ich auch gekannt.

Spruch

Du wünschest ein Verslein ins Album von mir.
Gewiß, liebe Freundin, gern schreib' ich es dir.
Lebe immer zufrieden, sei froh und beglückt
und denk auch noch später gern an mich zurück.

Spruch

Vergesse nie die Heimat,
wo deine Wiege stand.
Du findest in der Ferne
kein zweites Heimatland.

Spruch

Lieber Bruder:
Die Zeit vergeht,
wir werden größer;
was gestern schlecht war,
wird heute schon besser.
Wir wollen immer zusammenhalten,
dann zwingen wir des Sturms Gewalten.
Denk dran, wenn du einst älter bist
und diese Zeilen wieder liest.

Spruch

Vergiß mein nicht

Als du klein warst,
trug ich dich oft im Arm.
Da du heranwächst,
vertraue auch weiterhin
dich mir an!

Spruch

Wenn du denkst, du hast im Leben
schon allerhand erfahren:
Sei versichert, es kommt schlimmer
in den allernächsten Jahren!
Doch wenn's mal Probleme gibt,
hilft gern jemand, der dich liebt.
Dein Patenonkel

Spruch

Auf einsamer Mauer wächst trauriges Moos.
Ich wünsche dir, Gabriele, ein glücklicheres Los.
Wenn Rosen verblühen, der Diamant bricht,
bricht unsere Freundschaft in Ewigkeit nicht.

Spruch

Hüte dich vor falschen Freunden,
ihnen sperr dein Herz stets zu.
Aber laß ein Türchen offen
für die richtigen; und du
selbst entscheide, wer das ist.
Wähle gut – zu jeder Frist.
Wirst du nicht dein Herz verschließen,
deine Patentante dankt
dir recht innig. Sei versichert,
daß ich treu bin. Niemals schwankt
meine Zuneigung zu dir.
Deine Patentante

Spruch

Man sieht sich und lernt sich kennen,
man kennt sich und muß sich trennen,
man trennt sich, doch nicht für immer,
man scheidet, doch vergißt sich nimmer.

Spruch

Freund, ich soll dir auf Begehren
etwas in dein Stammbuch schreiben:
Stets sollst du in meinem Sinne,
mich laß stets in deinem bleiben.

Friedrich von Logau

Vergiß mein nicht

Die Erde kann vergehen,
die Sonne kann erblassen,
doch wahre Freundschaft
soll uns nie verlassen.

Spruch

Bonn, das Datum weiß ich nicht,
und einen Kalender hab ich nicht.
Die Tinte ist mir eingefroren,
die Feder hab ich auch verloren.
Der Bleistift ist mir abgebrochen,
vor Angst bin ich ins Bett gekrochen.
Bonn, das Datum weiß ich nicht:
Ich glaub, es ist Vergiß-mein-nicht!

Spruch

Es blüht ein schönes Blümchen
auf unserer grünen Au,
sein Aug ist wie der Himmel,
so heiter und so blau.
Es weiß nicht viel zu reden,
und alles, was es spricht,
ist immer nur das eine,
ist nur: Vergiß mein nicht!

Hoffmann von Fallersleben

Du liest wohl in späteren Jahren
die Blätter des Albums einst nach;
du rufst dir die Zeit, die entschwunden,
die Tage der Kindheit dann wach.
Da wirst du manch Blättlein wohl wählen,
geschrieben von liebender Hand,
und wirst von der Freundin erzählen,
was nie dem Gedächtnis entschwand.
Und stellt dir dann jemand die Frage:
„Wer war's, die dieses dir schrieb?"
Dann denke du immer und sage:
„Die Schreiberin hatte mich lieb!"

Spruch

Wenn Berg und Tal sich trennen,
und wir uns nicht mehr kennen,
dann denk an dieses Blatt,
wo ich dies geschrieben hab'.

Spruch

Mit Schwung mal ich mein Verslein hin
dir in das Buch voll Namen.
Wenn ich auch noch die Kleinste bin,
so sei doch damit angefangen.

Spruch

Vergiß mein nicht

Wenn die Schwalben heimwärts ziehen,
und die Rosen nicht mehr blühen,
wenn der Nachtigall Gesang
mit der Nachtigall verklang,
fragt das Herz in bangem Schmerz:
Ob ich dich auch wiederseh?

Spruch

Wenn dich des Lebens Bürden drücken,
und selbst wenn schon mit finsteren Blicken
die Abendsonne auf dich scheint,
und wenn die Stirn sich wirft in Falten,
wenn Kummer will das Herz dir spalten
und wenn dein Auge Tränen weint,
so denk an deinen Herzensfreund.

Spruch

Ich habe drei Wünsche, die sind zwar klein,
doch passen sie hübsch in dein Album hinein.
Fürs erste: Sei frisch, gesund und munter!
Fürs zweite: Komm in der Schule nicht runter!
Fürs dritte: Vergiß deine Freundin nicht,
sonst macht sie dir immer ein böses Gesicht.

Spruch

Wohl unter Schnee und Eis
blüht dir ein Edelweiß.
Schön ist der Herzensgruß,
den ich dir senden muß.

Spruch

Von allen Blumen auf der Flur
ist eine unvergänglich nur;
die andern deckt zur Wintersruh
der Schnee mit weißem Schleier zu.
Die eine, wenn es friert und schneit
wohl in der langen Winterszeit,
klopft sanft an unser Herz und spricht:
„Macht auf! Ich bin's: Vergißmeinnicht!"
Und wo ein Herz in Liebe glüht,
wo wahre Freundschaft ist erblüht,
wo man der Treue Kränze flicht,
blüht unverwelkt Vergißmeinnicht!

Spruch

Unsere Freundschaft, die soll sein
wie die Festung Königstein.
Wenn sie die in Stücke schießen,
wollen wir unsere Freundschaft beschließen.

Spruch

Vergiß mein nicht

Ein kleines blaues Blümchen spricht:
Vergiß mich, liebe Freundin, nicht.
Sind wir beide auch noch so klein,
die Freundschaft soll doch ewig sein.

Spruch

Wenn du einst mit rosigen Wangen
und mit feingelocktem Haar
und vom Schleier reich umfangen
hintrittst vor den Traualtar,
dann denke, liebe Anne,
an die frühere Jugendzeit,
als wir oft beisammen saßen
und uns teilten Freud und Leid.

Spruch

Es hat der Autor, wenn er schreibt,
so was Gewisses, das ihn treibt.
Der Trieb zog auch den Alexander
und alle Helden miteinander.
Drum schreib ich auch allhier mich ein;
ich möcht nicht gern vergessen sein.

Spruch

Ein Verslein nach der Mode
fällt mir sogleich nicht ein.
Doch will ich bis zum Tode
dir treu ergeben sein.

Spruch

Kannst du eigentlich ermessen,
welch ein guter Freund du mir?
Solltest du das je vergessen,
wär das gar nicht nett von dir!

Spruch

Was soll ich dir zum Denkmal geben,
das dich an mich erinnern soll?
Ich will in deinem Album leben,
denk auch an mich und lebe wohl!

Spruch

Vergiß mein nicht

Wenn alle Ketten reißen,
wenn jedes Herz zerbricht,
wenn alle dich vergessen,
mein Herz vergißt dich nicht.

Spruch

Wär ich eine Gärtnerin,
pflanzt ich dir ein Veilchen hin.
Wär ich eine Dichterin,
schrieb ich dir ein Verschen hin.
Weil ich keins von beiden bin,
schreib ich meinen Namen hin:
Angelina Hirtenstein.

Spruch

Es sollen blaue Blümchen licht
in deinem Garten sein.
Sie bitten dich: Vergiß mein nicht,
denn ich gedenke dein.

Spruch

Humor ist, wenn man trotzdem lacht

Nichts ist so schwer, wie einen Menschen zum Lachen zu bringen. Aber ein witziger Spruch im Poesiealbum hat gewiß die Schmunzler auf seiner Seite. Hier werden keine oberflächlichen Witze gerissen, vielmehr verbirgt sich hinter fast jedem dieser launigen Verse eine tiefe Lebensweisheit oder ein mehr oder weniger gut gemeinter Rat:

> Sei so schlau,
> werde niemals Ehefrau,
> vor der Ehe kriegst du Rosen,
> in der Ehe stopfst du Hosen.

Hier wurde Witziges, Komisches und auch Quatsch für Lebenskünstler und humorvolle Zeitgenossen zusammengetragen, weil ein Poesiealbum ohne heitere Sprüche wie ein Pflaumenkuchen ohne Sahne ist.

Lebe glücklich, lebe froh
wie der König Salomo.
Der auf seinem Throne saß
und ein Korb voll Äpfel aß!

Spruch

Vor ungefähr zehn Jahren
kam ein Baby angefahren,
ohne Strümpfe, ohne Schuh.
Liebe Uschi, das warst du.

Spruch

Wenn die Flüsse aufwärts fließen
und die Hasen Jäger schießen
und die Mäuse Katzen fressen,
dann erst will ich dich vergessen.

Spruch

Hast du Sorgen oder Kummer
wähle einfach diese Nummer ...

Spruch

Liebe Anna, du hast ganz recht,
die Menschen und die Welt sind schlecht.
Ein jeder Mensch ein Bösewicht –
nur du und ich, wir beide nicht!

Spruch

Ich kannte eine Annett,
die sprang vom Dreimeterbrett.
Die hat sich alles getraut,
der hat es vor gar nichts gegraut,
außer vor Pudding mit Haut.

Spruch

An deinem Busen möcht ich rasten,
wie die Kuh am Futterkasten.
Wie die Birne am Spalier,
Silvie, so hängt mein Herz an dir.

Spruch

Der ist leider nur selten froh,
ob mit, ob ohne Paletot.
Auch das Vergißmeinnicht verblüht,
wenn man zu heftig daran zieht.
Schwört man der Liebe allzu schnell,
so liegt sie leider bald im Müll.
Wenn alle Schwüre vergessen sind
und die Sprüche wurden zu Spreu und Wind,
dann klingel' still an meiner Tür
und trink 'ne Tasse Tee mit mir.

Spruch

Ich wünsche dir ein langes Leben,
Gesundheit, Glück, viel Geld daneben,
in deinem Rock ein warmes Futter
und eine brave Schwiegermutter.

Spruch

Ein wenig Grütze
unter der Mütze
ist gar viel nütze,
aber ein fröhliches Herz
unter der Weste –
das ist das Beste!

Spruch

Sei „Allegro" im Entschlusse
und „Adagio" im Genusse!
Wer „Piano" seine Freunde liebt
und „Forte" seine Pflichten übt,
der spielt in süßer Harmonie
des Lebens schönste Symphonie!

Spruch

Der Fisch ist stumm,
das Reh ist scheu,
der Esel ist dumm,
und ich bin dir treu!

Spruch

Humorvolles

Der Humor ist keine Gabe des Geistes,
er ist eine Gabe des Herzens.

Ludwig Börne

Wer morgens dreimal nüchtern schmunzelt,
mittags nicht die Stirne runzelt
und abends singt, daß alles schallt,
wird neunundneunzig Jahre alt.

Spruch

Irrtümer haben ihren Wert,
jedoch nur hie und da.
Nicht jeder, der nach Indien fährt,
entdeckt Amerika.

Spruch

Werd' ich vor ein Album gezerrt,
das bringt mir oft Verdruß.
Ich fühl' mich auf's Klosett gesperrt,
ohne daß ich muß.

Spruch

Das Glück ist wie ein Omnibus,
auf den man lange warten muß,
und kommt er endlich angewetzt,
so ruft der Schaffner „schon besetzt!"

Spruch

Nichts ist so kümmerlich, so kleinlich und so kläglich,
das nicht Humor und Witz dir machten noch erträglich.

Friedrich Wilhelm Güll

Du sagst, ich soll dir schreiben
ins Album ein Gedicht.
Pardon, das ist unmöglich;
denn dichten kann ich nicht.

Spruch

Blas dich nicht auf: Sonst bringet dich
zum Platzen schon ein kleiner Stich.

Friedrich Nietzsche

Humorvolles

Reden ist Silber,
Schweigen ist Pappe.
Sei munter und fröhlich
und halte die Klappe!

Spruch

Liebe Franziska, denk' an mich –
hopsasa, Gedankenstrich –
willst du meiner doch vergessen,
soll dich gleich der Hamster fressen.

Spruch

Wenn ich meinen Freund erblick',
lauf ich zu ihm rüber,
box' ihn gegen's Schlüsselbein
und er boxt mich dann wieder.

Spruch

Merke dir in jedem Fall,
gleich dem Huhn im Hühnerstall,
bist du noch so froh bewegt:
Gack're erst, wenn's Ei gelegt.

Spruch

Wenn ich bin in Afrika,
zwischen Speck und Paprika,
wenn mich dann die Löwen fressen,
erst dann will ich dich vergessen.

Spruch

Lebe glücklich, lebe froh
wie der Frosch in Mexiko.

Spruch

Ein Häuschen aus Zucker,
aus Zimt die Tür,
den Riegel aus Bratwurst,
das wünsch' ich dir.

Spruch

Humorvolles

Ich lobe mir den heiteren Mann
am meisten unter meinen Gästen;
wer sich nicht selbst zum besten haben kann,
der ist gewiß nicht von den Besten.

Johann Wolfgang Goethe

Heiter sei dein Abendessen,
wenn's zur Nacht auch traurig geht.
Und der Spott sei nie vergessen,
wenn auch alles untergeht!

Paul Scheerbart

Ihr weißen Mäuschen, nehmt euch in acht,
laßt euch nicht ködern von weltlicher Pracht!
Ich rat euch, lieber barfuß zu laufen,
als bei der Katze Pantoffeln zu kaufen.

Heinrich Heine

Die holde Kunst zu scherzen
versüßt des Lebens Schmerzen.

Schiebeler

Mäuse, Flöhe, Wanzen
mögen dich umtanzen,
wenn du jemals die vergißt,
die hier unterschrieben ist.

Spruch

Vor vielen Jahren
kamst du auf die Welt gefahren,
kamst geschwommen wie ein Hecht,
hattest Beinchen wie ein Specht.
Machtest deine Windeln voll,
warst so munter und so toll.
Ich liebe dich, du schönes Wesen,
wie einen alten Kuhstallbesen.

Spruch

Es ist alles eitel!
Nur drei Dinge sind es nicht:
edle Freunde, reines Herz
und ein wohlgefüllter Beutel.
Hast du dies, so bist du froh
wie der König Salomo!

Spruch

Humorvolles

Warum ist auf der Welt
die Zahl der Klugen klein?
Weil's so bequem ist,
dumm zu sein.

Spruch

Ein guter Mensch gibt gerne acht,
ob auch der andre was Böses macht;
und strebt durch häufige Belehrung
nach seiner Beßrung und Bekehrung.
Sein Prinzip ist überhaupt:
Was beliebt, ist auch erlaubt,
denn der Mensch als Kreatur
hat von Rücksicht keine Spur.

Wilhelm Busch

Immer wenn ich an dich denke,
wackeln alle Stühl' und Bänke.
Selbst das alte Kanapee
hüpft vor Freude in die Höh'.

Spruch

Hast eine bittere Pille zu verschlucken,
mußt sie nicht lange erst begucken.
Augen zu und rasch hinunter,
Augen auf und wieder munter.

Spruch

Nimm das Leben nicht so schwer,
sei hilfreich, fröhlich und noch mehr.
Hast du dann das Glück gefunden
und es gibt mal schwere Stunden,
laß dir eines von mir sagen:
„Nicht verzagen, deine Freundin fragen!"

Spruch

Ist das Wort dem Mund entflohen,
kehrt zurück es nimmermehr.
Fährt die Reu auch mit vier Pferden
augenblicklich hinterher!

Spruch

Humorvolles

Glattes Eis –
ein Paradeis
für den, der gut zu tanzen weiß.

Friedrich Nietzsche

Ein Seehund lag am Meeresstrand,
wusch sich die Schnauz mit weißem Sand;
o möge doch dein Herz so rein
wie diese Seehundschnauze sein.

Spruch

Mancher, auf dem Seitensteige,
hat sich im Gebüsch verloren,
und da schlugen ihm die Zweige
links und rechts um seine Ohren.

Wilhelm Busch

Wer schaffen will,
muß fröhlich sein!

Theodor Fontane

Der Eskimo in Kanada
ist gleich mit seiner Nase da,
um freundlich sie mit dir zu reiben.
So soll auch unsere Freundschaft bleiben:
Hab stets die Nase hochgestellt
und reib dich mit der ganzen Welt!

Spruch

Wenn alles sitzenbliebe,
was wir in Haß und Liebe
so voneinander schwatzen;
wenn Lügen Haare wären,
wir wären rauh wie Bären
und hätten keine Glatzen.

Wilhelm Busch

Wie oft wirst du gesehn
aus stillen Fenstern,
von denen du nichts weißt ...
Durch wieviel Menschengeist
magst du gespenstern,
nur so im Gehn ...

Christian Morgenstern

Humorvolles

Das Datum kann ich leider nicht wissen.
Mein Urschweinchen hat in den Kalender gebissen.

Spruch

Das Leben wär' nur halb so nett,
wenn jeder einen Vogel hätt'.

Spruch

„Der frühe Vogel fängt den Wurm",
was kannst du daran sehen?
Für den armen Wurm wär's besser gewesen,
etwas später aufzustehen!

Spruch

Ich soll dir was ins Album schreiben,
und weiß nicht was –
daß wir gute Freunde bleiben,
wie gefällt dir das?

Spruch

Ohne Blumen, ohne Träume,
ohne schöne Purzelbäume,
ohne Käse, ohne Speck
hat das Leben keinen Zweck.

Spruch

Dichten kann ich leider nicht,
denn mir fehlt die Muse.
Wenn du Verse haben willst,
sei so gut, mach du 'se!

Spruch

Enthaltsamkeit ist das Vergnügen
an Sachen, welche wir nicht kriegen.

Wilhelm Busch

Scheint dir auch mal das Leben rauh,
sei still und zage nicht:
die Zeit, die alte Bügelfrau,
macht alles wieder schlicht.

Wilhelm Busch

Humorvolles

Man ist ja von Natur kein Engel,
vielmehr ein Welt- und Menschenkind,
und rings umher ist ein Gedrängel
von solchen, die dasselbe sind.
In diesem Reich geborener Flegel,
wer könnte sich des Lebens freuen,
würd es versäumt, schon früh die Regel
der Rücksicht kräftig einzubleuen.
Es saust der Stock, es schwirrt die Rute.
Du darfst nicht zeigen, was du bist.
Wie schad', o Mensch, daß dir das Gute
im Grunde so zuwider ist.

Wilhelm Busch

Stets äußert sich der Weise leise,
vorsichtig und bedingungsweise.

Wilhelm Busch

Rosen, Tulpen, Zwiebeln,
Melanie, ich muß grübeln!
Find ich keinen Vers für dich,
lachen alle über mich.

Spruch

Sei fröhlich und heiter,
so wie es sich fügt,
nie hänge das Köpfchen,
sei immer vergnügt.

Spruch

Liebe Lisa,
bleib gesund,
bis zwei Kirschen
wiegen ein Pfund.

Spruch

Ich bin ein kleiner Pinkel,
rund und dick.
Ich schlüpfe aus dem Winkel
und wünsche dir viel Glück.

Spruch

Wer durch des Argwohns Brille schaut,
sieht Raupen selbst im Sauerkraut.

Wilhelm Busch

Humorvolles

Gibt dir das Leben einen Puff,
so weine keine Träne!
Lach' dir 'nen Ast und setz' dich druff
und baumle mit die Beene!

Spruch

Wer jeden Tag nur Kuchen ißt
und Keks und Schokolade,
der weiß ja nicht, wann Sonntag ist,
und das ist wirklich schade.

Spruch

Blau sind die Augen,
rot ist der Mund,
liebe Monika,
bleibe gesund.

Spruch

Viel schöner bist du, wenn du lachst,
als wenn du eine Schnute machst!

Spruch

Ich lag im Garten und schlief,
da kam ein Engel und rief:
Birgit, du mußt dich beeilen
und der Sabine ins Album schreiben.

Spruch

Lache und mache auch andere heiter,
Zagen und Klagen hilft niemals weiter!

Spruch

Ich kenne eine Rose,
die lacht immerzu,
und diese kleine Rose,
Mariele, das bist du.

Spruch

Wenn dich die Menschen ärgern,
so ärg're du sie nicht,
sei wie die liebe Sonne,
lach' andern ins Gesicht.

Spruch

Humorvolles

Die Gans hat weiße Federn,
die Ziege einen Bart.
Die Haut vom Pferd ist ledern,
der Schwanz vom Schwein apart.
Sie alle sind verschieden,
am Kopf, am Schwanz, am Bauch,
und doch mit sich zufrieden –
ich hoffe, du bist's auch!

Spruch

Wer möchte diesen Erdenball
noch fernerhin betreten,
wenn wir Bewohner überall
die Wahrheit sagen täten?
Da lob ich mir die Höflichkeit,
das zierliche Betrügen:
du weißt Bescheid, ich weiß Bescheid,
und allen macht's Vergnügen.

Wilhelm Busch

Wem der große Wurf gelungen,
eines Freundes Freund zu sein,
wer ein holdes Weib errungen,
mische seinen Jubel ein!

Friedrich Schiller

Wie dunkel ist der Lebenspfad,
den wir zu wandeln pflegen.
Wie gut ist da ein Apparat
zum Denken und Erwägen.
Der Menschenkopf ist voller List
und voll der schönsten Kniffe;
er weiß, wo was zu kriegen ist,
und lehrt die rechten Griffe.
Und weil er sich so nützlich macht,
behält ihn jeder gerne.
Wer stehlen will, und zwar bei Nacht,
braucht eine Diebslaterne.

Wilhelm Busch

Fortuna lächelt, doch sie mag
nur ungern voll beglücken.
Schenkt sie uns einen Sommertag,
so schenkt sie uns auch Mücken.

Wilhelm Busch

Kaum hat mal einer ein bisserl was,
gleich gibt es welche, die ärgert das.
Wo man am meisten drauf erpicht,
gerade das bekommt man nicht.

Wilhelm Busch

Humorvolles

Nörgeln ist das Allerschlimmste,
keiner ist davon erbaut;
keiner fährt, und wär's der Dümmste,
gern aus seiner werten Haut.

Wilhelm Busch

Dies für den und das für jenen.
Viele Tische sind gedeckt.
Keine Zunge soll verhöhnen,
was der andern Zunge schmeckt.
Lasse jedem seine Freuden,
gönn ihm, daß er sich erquickt,
wenn er sittsam und bescheiden
auf den eigenen Teller blickt.
Wenn jedoch bei deinem Tisch er
unverschämt dich neckt und stört,
dann gib du ihm einen Wischer,
daß er merkt, was sich gehört.

Wilhelm Busch

Lache' ist gesund, mein Klaaner,
totgelacht hat sich noch kaaner,
wann's aach schwerfällt, lache doch,
flenne kannste immer noch.

Spruch

Wonach du sehnlichst ausgeschaut,
es wurde dir beschieden.
Du triumphierst und jubelst laut:
Jetzt hab' ich endlich Frieden.
Ach, Freundchen, werde nicht so wild.
Bezähme deine Zunge.
Ein jeder Wunsch, wenn er erfüllt,
kriegt augenblicklich Junge.

Wilhelm Busch

War einst ein Mann, der sich der Gabe rühmte,
den wahren Zauberschlüssel zu bewahren,
das Sesam-öffne-dich, das ihm geziemte.
So glaubte er im Lauf von ungezählten Jahren.
Am Ende merkte er, daß er nichts anderes war
als nur ein eitler, hirnverbrannter Narr.
Bewahre dich vor solchem Mißgeschick,
indem du dir Bescheidenheit nicht raubst.
Hab auch für deine Schwächen einen Blick,
und du bist sehr viel stärker, als du glaubst.

Spruch

Wirst du einmal mich vergessen,
wird dich gleich der Wauwau fressen,
wird dich packen am Genick,
bis du wieder denkst an mich.

Spruch

Es gibt einen Ort, wo die Sonne nicht lacht;
Da werden Menschen zu Idioten gemacht.
Das ist die Schule, der Pfad der Jugend.
Und wenn alle schlafen und einer spricht,
das nennt der Mensch den Unterricht!

Spruch

Wir reiten in die Kreuz und Quer
nach Freuden und Geschäften,
doch immer kläfft es hinterher
und bellt aus allen Kräften.
So will der Spitz aus unserm Stall
uns immerfort begleiten,
und seines Bellens lauter Schall
beweist nur: daß wir reiten!

Johann Wolfgang Goethe

Hast du eine heitere Natur? Dann lache.
Bist du ein ernsthafter Mensch,
so vergiß das Lachen doch nie.

Spruch

Wenn über eine dumme Sache
endlich mal Gras gewachsen ist,
kommt sicher ein Kamel gelaufen,
das alles wieder runterfrißt.

Spruch

So schwer zu verbergen ist ein Gedicht;
man stellt es untern Scheffel nicht.
Hat es der Dichter frisch gesungen,
so ist er ganz davon durchdrungen;
hat er es ziemlich nett geschrieben,
will er, die ganze Welt soll's lieben.
Er liest es jedem froh und laut,
ob es uns quält, ob es erbaut.

Johann Wolfgang Goethe

Humorvolles

Ehre die Frauen. Sie flechten und weben
himmlische Rosen ins irdische Leben.

Spruch

Es muß der eine nicht den anderen mäkeln,
es muß der Knorr den Knubben hübsch vertragen.
Es muß ein Gipfelchen sich nicht vermessen,
daß es allein der Erde sei entsprossen.

Gotthold Ephraim Lessing

Wie ist der Himmel doch so weit,
und wie so nahe kann er liegen,
wenn über unsere Blödigkeit
der Glaube und die Liebe siegen.

Karl May

So viel Dornen ein Rosenstock,
so viel Haare ein Ziegenbock,
so viel Flöh ein Pudelhund,
so viel Jahre bleib gesund.

Spruch

Früher, da ich unerfahren
und bescheidener war als heute,
hatten meine höchste Achtung andere Leute.
Später traf ich auf der Weide
außer mir noch andere Kälber,
und nun schätz ich, sozusagen, erst mich selber.

Wilhelm Busch

Gute Tiere, spricht der Weise,
mußt du züchten, mußt du kaufen,
doch die Ratten und die Mäuse,
kommen ganz von selbst gelaufen.

Wilhelm Busch

Hier auf gewalkten Lumpen, soll ich
mit einer Spule von der Gans
hinkritzeln ernsthaft halb, halb drollig,
versifizierten Firlefanz –
O Modewut! Ist man ein Dichter,
quält uns die eigne Frau zuletzt,
bis man, wie andre Sangeslichter,
ihr einen Reim ins Album setzt.

Heinrich Heine

Humorvolles

Wer über sich selbst nicht lachen kann,
der ist fürwahr ein armer Mann.
Und jene, die zum Freund ihn machen –
die Armen haben nichts zu lachen!
Lachen macht stark, der Griesgram schafft
die Schwachen.

Spruch

Nenne mir doch jenen Mann,
der alles weiß, der alles kann.
Der alles hat und alles zwingt,
der Unkraut sät und Weizen bringt.
Du glaubst an ihn? Du dummer Wicht!
Den Alleskönner gibt's gar nicht.

Spruch

Rosen, Tulpen und Narzissen,
alles darf die Mutti wissen,
nur das eine nicht,
wenn dich mal ein Junge küßt!

Spruch

Alle Tag ein Stückerl weiter,
alle Tag ein bisserl gescheiter.

Spruch

Eine Freundin spricht zu dir:
Geh durchs Leben mit Pläsier,
mache, daß die Leute lachen,
aber – keine krummen Sachen!

Spruch

Wer die Arbeit kennt
und danach rennt
und sich nicht drückt,
der ist verrückt.

Spruch

Bleibe ruhig, tu's gediegen:
Was nicht fertig wird, bleibt liegen!

Spruch

Humorvolles

Lerne, spare, leiste was,
dann kannste, haste, biste was.

Spruch

Allen ist die Arbeit heilig.
Nur Verrückte haben's eilig.

Spruch

Hab Sonne im Herzen
und Zwiebeln im Bauch,
dann kannst du gut scherzen,
und Luft hast du auch.

Spruch

Brauchst nicht zu erschrecken,
ich will dich nicht necken,
Widerspruch nicht wecken
mit dem Spruch, dem kecken:
Lieber Dreck am Stecken
als im Drecke stecken.

Spruch

Adam hat es der Eva geklagt:
„Wir Menschen sind doch schrecklich geplagt!"
„Eine alte Geschichte!" hat Eva gesagt.

Daniel Sanders

Das Leben ist eine Hühnerleiter,
von oben bis unten – ich weiß nicht weiter.

Spruch

Wer erst vom süßen Weine trank
und dann von einem sauern,
spürt im Gedärm 'nen starken Drang
und ist sehr zu bedauern.

Spruch

Von folgendem Spruch mach gerne Gebrauch:
Verspreche nichts, und das halte dann auch!

Spruch

Humorvolles

O Eitelkeit, o Eitelkeit!
Alles endet mit der Zeit.
Die jüngsten Mädchen werden alt,
die wärmsten Glieder werden kalt,
die engsten Handschuh werden weit,
o Eitelkeit, o Eitelkeit!

Spruch

Es gibt kein Schnaps im Himmelreich,
drum trinke ihn auf Erden gleich.

Spruch

Guten Morgen, Montag!
Wie geht's Dienstag?
Grüß mir den Mittwoch,
und sag dem Donnerstag,
daß ich am Freitag
mit dem Zug von Samstag
am Sonntag bei dir bin!

Spruch

Hallo, Darling! Süße Traube,
hochverehrtes Trampeltier.
Wegen dir, du alte Schraube
muß ich schreiben dieses hier;
Tinte werde ich verschwenden,
um dir dieses hier zu wenden!
Schenk mir doch ein Bild von dir,
ich häng es an die Kellertür,
damit es alle Ratten sehen,
und nicht an die Kartoffeln gehen!
Heut' Nacht hab' ich dich im Traum gesehen;
mir blieb vor Schreck der Wecker stehen!
Viele Grüße aus der Ferne,
deine alte Blechlaterne!

Spruch

Morgens kann ich nichts essen,
weil ich an dich denke.
Mittags kann ich nichts essen,
weil ich an dich denke.
Abends kann ich nichts essen,
weil ich an dich denke.
Nachts kann ich nicht schlafen,
weil ich Hunger habe.

Spruch

Humorvolles

Der Mensch lebt nicht vom Brot allein,
es muß auch Speck und Käse sein.

Spruch

Du solltest deine Hoffnungen
nicht vor der Zeit begraben;
selbst Glatzköpfe können noch
eine Glückssträhne haben.

Spruch

Der Maulwurf hört in seinem Loch
ein Lerchenlied erklingen
und denkt bei sich: Wie sinnlos ist's
zu fliegen und zu singen!

Emanuel Geibel

Geh munter durch das Leben,
mein Freund, verzweifle nicht.
Besser 'nen Schalk im Nacken,
als eine Faust im Gesicht.

Spruch

Wo man raucht, da kannst du ruhig harren,
böse Menschen haben nie Zigarren.

Spruch

Lieber beschwipst und blank
als nüchtern und krank.

Spruch

Du brauchst von mir kein Sprüchlein,
brauchst auch nicht meinen Rat,
du bist auch ohne Wasser und Seife
eine, die sich gewaschen hat.

Spruch

Am Anfang ein Knall,
am Ende ein Knall;
die Menschheit war nur
ein Zwischenfall.

Spruch

Humorvolles

Sind der Damen drei beisammen,
gibt es eine Kaffeeschlacht,
wo die spitzen Zungen flammen.
Wen sie treffen: Gute Nacht!

Spruch

I laf you,
and you laf mi.
Laf ma miteinand:
wo laf ma hi?

Spruch

Magst den Tadel noch so fein,
noch so zart bereiten,
weckt er Widerstreiten.
Lob darf ganz geschmacklos sein.
Hocherfreut und munter
schlucken sie's hinunter!

Marie von Ebner-Eschenbach

Gedanken, weisheitsvoll,
wenn ich sie jemals hab!
Sie brechen immer mir
beim Bleistiftspitzen ab!

Carl Spitzweg

Das Glück ist eine blinde Kuh
und läuft dem dümmsten Ochsen zu.

Spruch

Wer nicht liebt, spricht Doktor Luther,
junge Mädchen und trinkt Wein,
und das sagt auch meine Mutter,
ist nicht wert, ein Mann zu sein.
Um also ein Mann zu sein:
liebe Mädchen – trinke Wein!

Spruch

Vater werden ist nicht schwer,
Vater sein dagegen sehr.

Wilhelm Busch

Humorvolles

Ein Hagestolz ist viel allein,
er wird im Alter einsam sein.
Doch lieber sollst du ledig leben
als deiner Frau die Hosen geben.

Spruch

Sei fleißig wie ein Bienchen
und sanft wie ein Kaninchen,
so sauber wie ein Kätzchen,
dann kriegst du auch ein Schätzchen.

Spruch

Die Welt ist ein Sardellensalat;
er schmeckt uns früh, er schmeckt uns spat.

Johann Wolfgang Goethe

Ich bin zwar noch klein
und kann noch nicht reimen;
ist dies Blatt entzwei,
so mußt du es leimen!

Spruch

Ich bin, wie ich bin,
drum nimm mich nur hin!
Willst einen Besseren du besitzen,
so laß dir ihn schnitzen!

Spruch

Auch wenn dir der Sinn
meines Spruchs noch nicht dämmert:
Sei gut beschlagen
und nicht – behämmert.

Spruch

So zärtlich wie ein Trampeltier,
so eiskalt wie der Mond,
unschuldig wie der schwarze Teufel,
der in der Hölle wohnt.
So temperamentvoll wie die Schnecke
und störrisch wie ein Vieh,
so eingebildet wie ein Filmstar,
so, Mascha bist du – nie!

Spruch

Humorvolles

Die Tinte macht uns wohl gelehrt,
doch ärgert sie, wo sie nicht hingehört.
Geschrieben Wort ist Perlen gleich,
ein Tintenklecks ein böser Streich.

Johann Wolfgang Goethe

Daß Glück ihm günstig sei,
was hilft's dem Stöffel?
Denn regnet's Brei,
fehlt ihm der Löffel.

Johann Wolfgang Goethe

Meine Finger sind die Feder,
meine Wangen das Papier,
meine Tränen sind die Tinte,
wenn ich schreiben will an dir.

Spruch

Vertrau auf Gott

Religiöse Verse spielten in den Stammbüchern unserer Vorfahren eine herausragende Rolle. Da auch wir heute noch in einer vom Christentum geprägten Welt leben, ist es nicht verwunderlich, wenn wir, sofern wir uns persönlich zum Christentum bekennen, unseren Kindern, Nichten und Neffen einen Spruch ins Poesiealbum schreiben, der sich mit Gott und unserem Glauben an ihn als Schöpfer aller Dinge befaßt.
Der Glaube ist eine Sache des Verstandes und des Herzens. Deshalb sollen die folgenden Verse nicht nur als Belehrung aufgefaßt werden, sondern darüber hinaus Vertrauen schaffen und Trost spenden.

Alle Menschen sollst du lieben,
ob sie arm sind oder reich,
keinen kränken, noch betrügen
denn vor Gott sind alle gleich.

Spruch

Leg all dein Tun in Gottes Hände,
Gott sei dein Anfang und dein Ende.

Spruch

Wird dich je ein Schicksal treffen,
so fange nicht zu klagen an,
du sollst die Worte nicht vergessen,
was Gott tut, das ist wohlgetan.

Spruch

Vertrau auf Gott
bei allen deinen Taten.
Wer Gott vertraut,
ist immer wohl beraten.

Spruch

Wenn du treu und folgsam bist,
deine Eltern nie vergißt,
wird auf allen deinen Wegen
dich begleiten Gottes Segen.

Spruch

Du sollst Vater und Mutter ehren,
auf daß es dir wohlergehe auf Erden.

Spruch

Wenn du noch eine Mutter hast,
so danke Gott und sei zufrieden,
nicht jedem auf dem Erdenrund
ist dieses hohe Glück beschieden.

Spruch

Nimm freudig hin, was Gott dir gibt,
er prüft die Menschen, die er liebt.

Spruch

Du bist so klein und niedlich,
und heiter ist dein Blick.
Gott möge dich erhalten,
zu deiner Eltern Glück.

Spruch

Vertrau auf Gott

Mög' der Himmel dich bewahren
vor Gefahren, Schmerz und Pein.
Möge stets ein guter Engel
deines Lebens Hüter sein.

Spruch

Wechselnde Pfade,
Schatten und Licht.
Alles ist Gnade,
fürchte dich nicht!

Spruch

Segle ruhig weiter,
wenn der Mast auch bricht.
Gott ist dein Begleiter,
er verläßt dich nicht.

Spruch

Tue deine Pflicht
und verzage nicht.
Glaube fest, daß der dich nie vergißt,
der ewig, gütig, groß und herrlich ist.
Dem Redlichen bahnt er die Wege;
dem Frommen zimmert er die Stege.
Es geht uns wohl in seiner Pflege!

Spruch

Gott ist es, der das Tiefste ins Höchste
zu verwandeln vermag;
der den Stolzen erniedrigt
und das, was im Dunkeln liegt,
hell und licht werden läßt.

Spruch

Nicht jedes Herz wird für dich schlagen,
nicht jeder Mensch wird dich verstehn.
Was Gott dir schickt, mußt du ertragen
und freudig seine Wege gehn.

Spruch

Vertrau auf Gott

Viele Wege führen durch den Wald,
wer sich nicht auskennt, verirrt sich bald.
Viele Wege durchs Leben gehn,
du mußt den dir ausersehn,
den Gott dich führen möchte.
Sei gewiß, das ist der rechte!

Spruch

Wie der Herr die zarten Blüten
schirmet unter Frost und Schnee,
also mög' er dich behüten
in des Lebens Leid und Weh.

Spruch

Das Wort, das dich und mich und alle Dinge trägt,
wird wiederum von mir getragen und gehegt.
So du das ew'ge Wort in dir willst hören sprechen,
so mußt du dich zuvor von Unruh ganz entbrechen.

Angelus Silesius

Wir stolzen Menschenkinder
sind eitel arme Sünder
und wissen gar nicht viel.
Wir spinnen Luftgespinste
und suchen viele Künste
und kommen weiter von dem Ziel.
Gott, laß uns dein Heil schauen,
auf nichts Vergänglich's trauen,
nicht Eitelkeit uns freu'n!
Laß uns einfältig werden
und vor dir hier auf Erden
wie Kinder fromm und fröhlich sein!

Matthias Claudius

Ein frohes Herz, das ist ein großer Segen,
ein reines Herz führt dich auf rechten Wegen,
ein kindlich' Herz lehrt still vertrauen dich,
ein frommes Herz trägt alles dies in sich.

Spruch

„Behüt' dich Gott!", dies kurze Wort,
nimm's mit an jeden fremden Ort!
Vor Sturm, Leid und Gefahren
mög' dich der Herr bewahren!

Spruch

Vertrau auf Gott

Höre nicht, was Menschen sagen,
tue ruhig deine Pflicht,
Gott wird nicht die Menschen fragen,
wenn er dir das Urteil spricht.

Spruch

Was Gottes Werk ist, wird bestehen,
ist's Menschenwerk, wird's untergehen.

Spruch

Rosen blühen viel auf Erden,
aber ohne Dornen nicht.
Marion, willst du glücklich werden,
so vergiß den Heiland nicht.

Spruch

Wer nicht auf Gott, den Herrn, vertraut,
der hat sein Haus auf Sand gebaut.

Spruch

Gott ist noch mehr in mir,
als wenn das ganze Meer
in einem kleinen Schwamm
ganz und beisammen wär.

Spruch

Denke mit Ehrfurcht an Gott,
an die Menschen mit Liebe,
mit Ernst an die Pflicht.

Spruch

Wenn ich lebe,
lebe ich dem Herrn.
Wenn ich sterbe,
so sterbe ich dem Herrn.
Darum, ob ich nun lebe oder stürbe,
gehöre ich dem Herrn.

Spruch

Vertrau auf Gott

Wenn dich die Stürme
des Lebens umtoben,
wenn dich das Liebste
auf Erden verläßt,
wende den Blick nur
gläubig nach oben!
Da wohnt dein Gott,
der dich niemals verläßt.

Spruch

Wer selbst immer heiter ist
und es versteht, anderen
etwas von dieser Heiterkeit zu geben,
der hat Gottes Gebot auf dieser Erde
am besten erfüllt.

Spruch

O wunderschön ist Gottes Erde
und wert, darauf vergnügt zu sein;
drum will ich, bis ich Asche werde,
mich dieser schönen Erde freun.

Ludwig Christoph Heinrich Hölty

Ob reiches Glück dir zugemessen,
ob kummervoll dein Schicksal ist,
die Mutter darfst du nicht vergessen,
damit du auch nicht Gott vergißt.
Treu sollst im Herzen du sie halten,
wie dir es auch im Leben geht.
Sie lehrte dich, die Hände falten.
Sie sprach dir vor dein erst' Gebet.

Spruch

Kind meines Kindes bist du,
eine Gabe von Gott, unserem Herrn.
Herz meines Herzens bist du,
drum hab' ich von Herzen dich gern.
Meine Bitte an Gott für dich:
Stets strahle hell deines Lebens Stern!

Spruch

Im Glück nicht stolz sein und im Leid nicht zagen,
das Unvermeidliche mit Würde tragen;
das Rechte tun, am Schönen sich erfreuen,
das Leben lieben und den Tod nicht scheuen,
und fest an Gott und bessre Zukunft glauben,
heißt leben, heißt dem Tod sein Bitteres rauben.

Spruch

Vertrau auf Gott

Sieh nicht, was andere tun,
der andern sind so viel,
du kommst nur in ein Spiel,
das nimmermehr wird ruhn.
Geh einfach Gottes Pfad,
laß nichts sonst Führer sein,
so gehst du recht und grad,
und gingst du ganz allein.

Christian Morgenstern

Gott führet dich auf rechter Bahn,
so daß dein Fuß nicht straucheln kann.
Setz nur auf ihn die Zuversicht,
der dich behütet, schläft ja nicht.
Wohl dem, dem Gott im ganzen Land
mit liebender, getreuer Hand
den Geist der Gnade offenbart,
der geht gerüstet auf die Fahrt!

Spruch

Gesegnet sei dir beides, Schmerz und Lust,
und jedes Werk, das du vollenden mußt.
Doch Gott bewahre dich zu deinem Heile,
vor Krankheit, Mißmut, Langeweile.

Spruch

Dein Herz, das soll ein Garten sein,
drin schöne Blumen blühen.
Herr Jesus soll der Gärtner sein,
er soll die Blumen ziehen.

Spruch

Dein Tun sei wahr,
dein Sinn sei klar,
Froh dein Gemüt,
Gott dich behüt!

Spruch

Mit Gott fang an,
mit Gott hör auf,
das ist der beste Lebenslauf.

Spruch

Wer Gott aufgibt,
der löscht die Sonne aus,
um mit einer Laterne weiterzuwandern.

Spruch

Vertrau auf Gott

Sei standhaft im Glauben,
sei fest in der Pflicht.
Und lockt die Versuchung,
so folge ihr nicht.

Spruch

Die Augen offen,
das Herze rein,
auf Gott dein Hoffen
und mutig in die Welt hinein!

Spruch

Es ist das menschliche Herz
ein trotzig und verzagtes Ding.
Allein Gott hat den Schlüssel,
es zum Guten zu öffnen.

Spruch

Gott gebe uns die Kraft,
zu ändern, was zu ändern ist,
die Heiterkeit,
zu ertragen, was sich nicht ändern läßt
und die Weisheit,
zwischen beiden zu unterscheiden.

Spruch

Wenn das Gewissen spricht,
schweig und sei still.
Hör, was es leise sagt,
tu, was Gott will.

Spruch

Du kamst, du gingst, mit leiser Spur,
ein flücht'ger Gast im Erdenland.
Woher? Wohin?
Wir wissen nur,
aus Gottes Hand in Gottes Hand.

Spruch

Vertrau auf Gott

Das Paradies kann nur im reinen Herzen sein.
Trägst du es nicht in dir, so kommst du nicht hinein.

Gerhard Tersteegen

Die auf den Herren harren,
kriegen neue Kraft.

Spruch

Wenn die Sterne dich verlassen,
und die Menschen spotten dein,
auf zwei kannst du dich verlassen:
Auf Gott und auf dein Mütterlein.

Spruch

Tu was du kannst und bete um das,
was du nicht kannst.
So wird Gott dir geben,
daß du es kannst.

Spruch

Nimm ohne Zorn und ohne Klagen,
dein Schicksal fromm und mutig hin;
geduldig sollst du es ertragen,
denn das nur ist des Lebens Sinn.

Spruch

Blüh' an deiner Eltern Seite,
wachse tugendhaft heran,
und ein Engel Gottes leite
dich auf deiner Lebensbahn.

Spruch

Trübt dich des Lebens Lauf,
blicke zum Vater auf;
Menschen laß Menschen sein,
helfen kann Gott allein.

Spruch

Deine Pflicht erfülle gern,
alles andre laß dem Herrn.

Spruch

Vertrau auf Gott

Es grüne die Tanne, es wachse das Erz
Gott schenke dir immer ein fröhliches Herz.

Der Glaube gibt uns die Kraft,
tapfer zu tragen, was wir nicht ändern können,
ohne die Hoffnung je zu verlieren.

Genieße, was dir Gott beschieden,
entbehre gern, was du nicht hast.
Ein jeder Stand hat seinen Frieden,
ein jeder Stand auch seine Last.

Christian Fürchtgott Gellert

Sei höflich und bescheiden,
und tu' stets deine Pflicht,
dann mag dich jeder leiden,
und Gott verläßt dich nicht.

Drum auf Gott will hoffen ich,
auf mein Verdienst nicht bauen.
Auf ihn mein Herz soll lassen sich
und seiner Güte trauen,
die mir zusagt sein wertes Wort,
das ist mein Trost und treuer Hort,
des will ich allzeit harren.

Martin Luther

Ich sehe oft um Mitternacht,
wenn ich mein Werk getan,
und niemand mehr im Hause wacht,
die Stern am Himmel an.
Sie funkeln alle weit und breit,
und funkeln rein und schön;
ich seh die große Herrlichkeit,
ich kann nicht satt mich sehn.
Dann sagt wohl unterm Himmelszelt
mein Herz mir in der Brust:
Es gibt was Bessers in der Welt
als all ihr Schmerz und Lust.

Matthias Claudius

Vertrau auf Gott

Kein Hälmlein wächst auf Erden,
der Himmel hat's betaut.
Es kann kein Blümlein werden,
hat's nicht die Sonn' erschaut.
Wenn du auch tief beklommen
in Waldesnacht allein:
Einst wird von Gott dir kommen
dein Tau und Sonnenschein!
Dann sproßt, was dir indessen
als Keim im Herzen lag.
So ist kein Ding vergessen,
ihm kommt der Blütentag.

Spruch

Wer Wind säet, der wird Sturm ernten.
Wer Liebe ausstreuet, trägt göttlichen Lohn dafür heim.

Spruch

An Gottes Segen
ist alles gelegen.

Spruch

Der du von den Himmeln bist,
alles Leid auf Erden stillest,
den, der doppelt elend ist,
doppelt mit Erquickung füllest:
ach, ich bin des Treibens müde!
Was soll all der Schmerz, die Lust?
Süßer Friede,
komm, ach komm in meine Brust!

Johann Wolfgang Goethe

Hab frohen Mut,
du stehst in Gottes Hut.
Sei treu und wahr,
Gott sieht dich immerdar.
Tu deine Pflicht,
und Gott verläßt dich nicht.

Spruch

Sei tapfer im Leben, tu' deine Pflicht,
und zeige dem Tag kein Sorgengesicht.
Über den Sternen hält Einer die Wacht.
Er fügt es besser, als du dir's gedacht.

Spruch

Vertrau auf Gott

Herr! Schicke, was du willst,
ein Liebes oder Leides.
Ich bin vergnügt, daß beides
aus deinen Händen quillt.
Wollest mit Freuden
und wollest mit Leiden
mich nicht überschütten!
Doch in der Mitten
liegt holdes Bescheiden.

Eduard Möricke

Stehst du einst verlassen,
einsam und betrübt,
kannst du nicht umfassen,
was du hast geliebt,
wird der Himmel trübe,
saust und braust der Wind,
denk an Gottes Liebe,
denk, du bist sein Kind.

Spruch

Wie der Sonnenschein die Blüten,
möge Gott dich stets behüten.

Spruch

Herr, geh' mit mir durch diesen Tag
und steh' mir bei in meinem Tun und Denken,
und wenn ich deinem Ruf nicht folgen mag,
laß deine Engel meine Schritte lenken.

Spruch

Jedem Tagewerk frohe Kraft,
jede Nacht ein tröstend Licht.
Wer in Gottes Namen schafft,
Der verliert die Freude nicht.

Spruch

Alles, was dir wohlgefällt,
ja das Beste auf der Welt,
Glück, Gesundheit, langes Leben,
soll der liebe Gott dir geben.

Spruch

Arme sollen nicht verachtet werden,
denn Jesus war auch arm auf Erden.

Spruch

Vertrau auf Gott

Sei fromm und froh
und laß das Grübeln,
dann bleibst du frei
von allen Übeln.

Spruch

Die Wahrheit rede stets
und wage nie zu lügen.
Du kannst die Menschen zwar,
doch niemals Gott betrügen.

Spruch

Die Zukunft gehört den Glaubenden,
nicht den Ungläubigen und Zweiflern.
Die Zukunft gehört den Mutigen,
die stark hoffen und handeln,
nicht den Kleinmütigen und Unentschlossenen.
Die Zukunft gehört den Liebenden,
nicht den Hassenden.
Die Zukunft gehört der Jugend,
die opfernd und gläubig ihr Leben in Christus gestaltet.

Pius XII

Vertrau auf Gott,
Er hilft in Not.

Spruch

Schaffen und Streben ist Gottes Gebot:
Arbeit ist Leben,
Nichtstun der Tod.

Spruch

Befiehl du deine Wege
und was dein Herze kränkt
der allertreusten Pflege
des, der den Himmel lenkt;
der Wolken, Luft und Winden
gibt Wege, Lauf und Bahn,
der wird auch Wege finden,
da dein Fuß gehen kann.

Paul Gerhardt

Lobe den Herrn, der alles so herrlich regiert,
der dich auf Adlers Fittichen sicher geführt,
der dich erhält
wie es dir selber gefällt;
hast du nicht dieses verspürt?
Lobe den Herrn, der künstlich und fein dich bereitet,
der dir Gesundheit verliehen, dich freundlich geleitet;
in wieviel Not
hat nicht der gnädige Gott
über dir Flügel gebreitet!

Joachim Neander

Leben ist Segen, Leben ist Not.
Immer dich regen, trauen auf Gott,
den Pfennig achten als sei er die Mark,
nach Gipfeln trachten – das macht dich stark!

Spruch

Wenn du an einem Kreuzweg stehst
und schwankst, wohin du weitergehst,
bedenk, daß du in Gottes Hut.
Er führt dich recht, er rät dir gut.

Spruch

Mensch, werde wesentlich!
Denn wenn die Welt vergeht,
so fällt der Zufall fort;
das Wesen, das besteht!

Angelus Silesius

Wenn wir täten, was wir sollten,
und nicht machten, was wir wollten,
so hätten wir auch,
was wir haben sollten.

Martin Luther

Ich danke Gott mit Saitenspiel,
daß ich kein König worden;
ich wär geschmeichelt worden viel
und wär vielleicht verdorben.
Gott gebe mir nur jeden Tag,
soviel ich darf zum Leben.
Er gibt's dem Sperling auf dem Dach,
wie sollt er's mir nicht geben!

Matthias Claudius

Vertrau auf Gott

Laß dich nur nichts dauren
mit Trauren;
sei stille!
Wie Gott es fügt,
so sei vergnügt
mein Wille.

Was willst du heute sorgen
auf morgen?
Der Eine steht allem für,
der gibt auch dir
das deine.

Sei nur in allem Handel
ohn' Wandel,
steh feste!
Was Gott beschleußt,
das ist und heißt
das Beste.

Paul Fleming

Danke dem Herrn,
denn er ist freundlich,
und seine Güte
währet ewiglich!

Spruch

Dreifach ist der Schritt der Zeit,
zögernd kommt die Zukunft hergezogen.
Pfeilschnell ist das Jetzt entflogen,
ewig still steht die Vergangenheit.

Friedrich Schiller

Bemeßt den Schritt! Bemeßt den Schwung!
Die Erde bleibt noch lange jung!
Dort fällt ein Korn, das stirbt und ruht.
Die Ruh ist süß. Es hat es gut.
Hier eins, das durch die Scholle bricht.
Es hat es gut. Süß ist das Licht.
Und keines fällt aus dieser Welt
und jedes fällt, wie's Gott gefällt.

Conrad Ferdinand Meyer

Gott hat sich niemanden versagt.
Das ist gemessen mit gleichen Maßen:
Willst du Liebes haben, so mußt du Liebes lassen.

Mechthild von Magdeburg

Vertrau auf Gott

Zwei Lebensstützen brechen nie:
Gebet und Arbeit heißen sie!

Spruch

Wär nicht das Auge sonnenhaft,
die Sonne könnt' es nie erblicken;
läg' nicht in uns des Gottes eigene Kraft,
wie könnt' uns Göttliches entzücken?

Johann Wolfgang Goethe

Schweig, leid und ertrag.
Deine Not allein Gott klag!

Spruch

Geh ohne Stab nicht in den Schnee
und ohne Steuer nicht zur See,
geh ohn' Gebet und Gottes Wort
niemals aus deinem Hause fort.

Spruch

Wenn's Mutterauge dir noch lacht,
dann preise dein Geschick.
Wenn noch ein Vater dich bewacht,
oh, gottgesandtes Glück!
Denk nur daran, wie heiß der Schmerz,
wenn Gott sie beide ruft.
Denk auch daran: Er heilt dein Herz,
steht bei dir an der Gruft.

Spruch

Deinen Ausgang segne Gott,
deinen Eingang gleichermaßen.
Segen deinem täglich Brot,
Segen deinem Tun und Lassen!

Spruch

Sei demütig und bescheiden,
denn siehe: Himmel und Erde
und alles, was darinnen ist,
hat Gott aus dem Nichts gemacht.
Und wir Menschen sind auch so gemacht.

Spruch

Vertrau auf Gott

Gottes Mühlen mahlen langsam,
mahlen aber trefflich fein;
ob aus Langmut Er sich säumet,
bringt mit Schärf' Er alles ein.

Friedrich von Logau

Ungewisser kurzer Dauer
ist dies Erdenleben;
und zur Freude, nicht zur Trauer
uns von Gott gegeben.

Ludwig Christoph Heinrich Hölty

Ich kam, ich weiß nicht woher,
ich bin und weiß nicht wer,
ich leb', weiß nicht wie lang,
ich sterb' und weiß nicht wann,
ich fahr', weiß nicht wohin,
mich wundert's, daß ich so fröhlich bin.

Da mir mein Sein so unbekannt,
so steht es wohl in Gottes Hand,
die führet mich so aus wie ein,
so darf ich wohl getröstet sein.

Ludwig Thoma

Daß es Licht im Herzen werde,
wenn du trüb und traurig bist,
senke nicht den Blick zur Erde,
die ja selber dunkel ist.
Auf zu Gott den Blick erhoben!
Seine Gnade fehlt dir nicht,
doch sein Licht kommt nur von oben,
und sein Trost kommt nur vom Licht.

Spruch

Dem kleinen Veilchen gleich,
das im Verborgenen blüht,
sei immer fromm und gut,
auch wenn dich niemand sieht.

Spruch

Laß die Winde stürmen
auf des Lebens Bahn,
ob sie Wogen türmen
gegen deinen Kahn:
Schiffe ruhig weiter,
wenn der Mast auch bricht;
Gott ist dein Begleiter,
Er verläßt dich nicht.

Christoph August Tiedge

Vertrau auf Gott

Ist dein Freund in arger Not,
dann sei kein sturer Stissel;
dann hör, was Gottes Stimme spricht:
„Hilf a bissl, hilf a bissl!"

Spruch

Gott schenke dir ein froh' Gemüt,
ein dankbar Herz für seine Güt',
Geduld mit deines Nächsten Not,
viel Liebe und dein täglich' Brot.

Spruch

Wie Gott dich führt,
so sollst du geh'n,
ohn' alles Eigenwählen.
Geschickt, was er dir auserseh'n
wird dir's an keinem fehlen;
wie er dich führt, so gehe mit,
und folge willig Schritt für Schritt,
in kindlichem Vertrauen.

Spruch

Gott schütze dich
in Sturm und Braus,
behalte lieb sein Elternhaus!

Spruch

Stark im Glauben,
treu im Lieben
bringt uns Frieden.

Spruch

Mein Herze geht in Sprüngen
und kann nicht traurig sein,
ist voller Freud' und Singen,
sieht lauter Sonnenschein.
Die Sonne, die mir lacht,
ist mein Herr Jesu Christ,
das, was mich singen macht,
ist was im Himmel ist.

Spruch

Vertrau auf Gott

Kein Übel soll begegnen dir.
Des Herrn Schutz ist gut dafür.
Unter dem Schatten seiner Gnad'
bist du gesichert früh und spat.

Spruch

Frisch, fromm, fröhlich, frei,
das andere Gott befohlen sei.

Spruch

Dem Demütigen schenkt Gott Gnade.

Spruch

Wer sich des Brotes freuen will,
muß guten Teig sich kneten;
wer sich des Gartens freuen will,
der muß das Unkraut jäten.
Wer sich des Lebens freuen will,
muß arbeiten und beten.

Spruch

Was ist die schönste Blüte
der blumenreichen Welt?
Ein kindliches Gemüte,
ein Herz, das Gott gefällt.

Spruch

Vertraue Gott und traue fest,
daß Er die Seinen nicht verläßt!

Spruch

Dein Herz ist auch ein Acker;
der Ackermann bist du.
Pfleg ihn und pflüg ihn wacker.
Den Segen gibt Gott dazu.

Spruch

Ich soll dir was ins Album schreiben,
doch fällt mir leider gar nichts ein,
du sollst ein frommes Mädel bleiben,
das wird das allerbeste sein.

Spruch

Vertrau auf Gott

Es zieht ein stiller Engel
durch dieses Erdenland,
zum Trost für Erdenmängel
hat ihn der Herr gesandt.
In seinem Blick ist Frieden
und milde, sanfte Huld;
o folg ihm stets hienieden,
dem Engel der Geduld!

Karl Spitta

Im Glück erheb dich nicht,
im Unglück verzage nicht,
Denn Gott ist ein Mann,
der Glück und Unglück wenden kann.

Spruch

Stell himmelwärts, stell himmelwärts
wie eine Sonnenuhr dein Herz;
denn wo das Herz auf Gott gestellt,
da geht es mit dem Schlag, da hält
es jede Prob in dieser Zeit,
und hält sie bis in Ewigkeit.

Melchior von Diepenbrock

Die Pforte im Himmel ist klein,
es kann kein Prahlhans hinein.

Abraham a Santa Clara

Gottes Friede wallt auf heilgem Meer,
Gottes Sturm braust hallend drüber her,
Gottes Frieden wahr in treuer Brust,
Gottes Sturm braust dann zu deiner Lust.

Friedrich de la Motte-Fouqué

Auf seinem Wege selten fällt,
wer sein Vertrauen auf Gott gestellt.

Spruch

Es weht ein Hauch von Wonneduft,
durch Blätter, Knosp' und Blüten,
ein Wunsch für dich, der aufwärts ruft,
Gott mag dich stets behüten.

Spruch

Vertrau auf Gott

Ein Lebewohl für ferne Tage,
wenn uns're Wege anders geh'n.
Gott sei mit dir in jeder Lage
und laß mich dich einst wiederseh'n!

Spruch

Du kannst nicht tiefer fallen
als nur in Gottes Hand,
die Er zum Heil uns allen
barmherzig ausgespannt.

Spruch

Es münden alle Pfade
durch Schicksal, Schuld und Tod
doch ein in Gottes Gnade
trotz aller unserer Not.

Spruch

Wir sind von Gott umgeben,
auch hier in Raum und Zeit,
und werden sein und leben
in Gott in Ewigkeit.

Arno Pötzsch

Wenn alles eben käme
wie du gewollt es hast,
und Gott dir gar nichts nähme
und gäb dir keine Last,
wie wär's dann um dein Sterben,
du Menschenkind, bestellt?
Du müßtest fast verderben;
so lieb wär dir die Welt.
Nun fällt, eins nach dem andern,
manch süßes Band dir ab,
und heiter kannst du wandern
gen Himmel durch das Grab.
Dein Zagen ist gebrochen,
und deine Seele hofft.
Dies ward schon oft gesprochen;
doch spricht man's nie zu oft.

Friedrich de la Motte-Fouqué

Vertrau auf Gott

Des Lebens abgestecktes Ziel
mag kurz sein oder lang,
so ist es an sich selbst nicht viel
und nur ein Übergang.
Wer aber jeden Lebenstag,
so lang es heute heißt,
dem Herrn der Tage opfern mag,
der ist ein seliger Geist.

Nikolaus Ludwig von Zinzendorf

Es mag sein, daß alles fällt,
daß die Burgen deiner Welt
um dich her in Trümmer brechen.
Halte du den Glauben fest,
daß dich Gott nicht fallen läßt,
Er hält sein Versprechen.

Spruch

Ein Herz voll Liebe

Was Prügel sind, das weiß man schon,
was aber Liebe ist,
das hat noch keiner herausgebracht.

Heinrich Heine

Trotzdem ist gewiß, Liebe kann Berge versetzen, was nichts anderes bedeutet, als daß ein liebender Mensch sehr viel mehr erreichen kann als ein hassender. Die folgenden Verse künden aber nicht nur von Liebe, sondern auch von Herzschmerz und Küssen, von Leidenschaft, Enttäuschung und Glück. Die Sprüche können die Eltern ihren Kindern, die Großeltern ihren Enkeln, die Tanten und Onkel den Nichten und Neffen, die Freundin der Freundin und der verliebte Jüngling seiner Angebeteten ins Poesiealbum schreiben.

Die Liebe hemmet nichts,
sie kennt kein Tor noch Riegel
und dringt durch alles sich.
Sie ist ohn' Anbeginn,
schlug ewig ihre Flügel
und schlägt sie ewiglich.

Spruch

Ein langes Gedicht,
das merk' ich mir nicht,
darum sag' ich nicht mehr
als: „Ich liebe dich sehr!"

Spruch

In meinem Häusle rußt der Ofen,
in meinem Herzl ruhst nur du!

Spruch

Du bist mein Glück,
du bist mein Stern.
Auch wenn du brummst,
ich hab' dich gern.

Spruch

Ich hab' dich so lieb und so gern,
ich würde dir ohne Bedenken
eine Kachel aus meinem Ofen schenken.

Spruch

Wenn zwei Menschen sich gefunden,
die sich lieben und verstehen,
sollen sie in allen Stunden
tapfer zueinander stehen.

Spruch

Ein Herz voll Liebe

Das sah ich heut auf abendlichen Höhn:
In meinem Herzen brannte alle Glut –
Es ist doch alles nur aus Liebe schön!
Es ist doch alles nur aus Liebe gut!

Will Vesper

Liebe ist die Kraft,
die verzeihen kann.

Spruch

Hoch lebe die Liebe,
hoch lebe der Wein,
hoch lebe Susanne
zu Offenbach am Main!

Spruch

Jeden Tag zur Schule gehn,
find ich manchmal gar nicht schön;
daß wir zwei uns wiedersehen,
läßt mich trotzdem täglich gehen.

Spruch

Sehr oft sucht man die Liebe,
wie man seine Brille sucht,
die man auf der Nase hat.

Spruch

Was wär' ein Apfel ohne -sine,
was wären Häute ohne -Schleim,
was wäre die Vita ohne -mine,
was wären Gedichte ohne Reim?
was wäre das E ohne die -llipse,
was wäre veränder ohne -lich,
was wären Kragen ohne Schlipse,
und was wäre ich bloß ohne dich?

Spruch

Magret, ich find dich ziemlich toll,
doch würd ich dich noch toller finden,
würdest du mich statt zu kratzen
ab und zu mal schmatzen.

Spruch

Ein Herz voll Liebe

Gib dein Herz nicht für die Krone,
gib es dem, der dich auch liebt,
gib es dem, der dir zum Lohne
auch das seine dafür gibt.

Spruch

Ein Herz voller Liebe ist nie arm,
erkaltet nicht, ist immer warm.
Es nimmt nicht, denn ein Herz, das liebt,
ist auch ein Herz, das immer gibt.

Spruch

Ein klein wenig Liebe von Mensch zu Mensch
ist mehr wert als alle Liebe zur Menschheit.

Spruch

Will dich mal ein Bube küssen,
sei nicht gleich so aufgebracht.
Mami kann es ruhig wissen,
hat's ja früher selbst gemacht.

Spruch

Nenne mir den weiten Mantel,
drunter alles sich verstecket;
Liebe tut's, die alle Mängel
gern verhüllt und fleißig decket!

Friedrich von Logau

Eifersucht ist eine Leidenschaft,
die mit Eifer sucht, was Leiden schafft.

Friedrich D.E. Schleiermacher

Hab ich Lieb, so hab ich Not.
Meid ich Lieb, so bin ich tot.
Nun eh ich Lieb um Leid wollt lan,
eh will ich Lieb in Leiden han.

Spruch

Wenn's dir in Kopf und Herzen schwirrt,
was willst du Bessres haben!
Wer nicht mehr liebt und nicht mehr irrt,
der lasse sich begraben.

Johann Wolfgang Goethe

Ein Herz voll Liebe

Wenn sich unsere Blicke nicht mehr finden,
Freund, dann soll dir dieses Blatt verkünden,
daß die Freundschaft keinen Wechsel kennt.
Was sie kennt, sind der Entfernung Schmerzen,
aber kein Erkalten treuer Herzen
und kein Schicksal, welches Seelen trennt.

Spruch

Dein Herz ist rein und sonnenklar,
mög es so bleiben Jahr um Jahr,
und meine Bitte soll es sein,
schließ mich auch in dein Herz mit ein.

Spruch

Wenn eines Menschen Seele du gewonnen
und in sein Herz hast tief hineingeschaut
und ihn befunden einen klaren Bronnen,
in dessen Flut der reine Himmel blaut:
Laß deine Zuversicht dann nichts dir rauben,
und trage lieber der Enttäuschung Schmerz,
als daß du grundlos ihm entziehst den Glauben!
Kein größer Glück als ein vertrauend Herz.

Felix Dahn

Liebe ist wie täglich Sonnenschein;
doch allzuviel Sonne soll sehr schädlich sein.

Spruch

Schön ist eigentlich alles,
was man mit Liebe betrachtet.

Spruch

Kein Vogel sitzt in Flaum und Moos,
in seinem Nest so warm,
als ich auf meiner Mutter Schoß,
auf meiner Mutter Arm.
Und tut mir weh mein Kopf und Fuß,
und plagt mich manchmal Schmerz,
gibt mir die Mutter einen Kuß
und drückt mich an ihr Herz.

Spruch

Liebe Vater und Mutter,
dann ist alles in Butter.

Spruch

Ein Herz voll Liebe

Der Schlüssel zu unserem Herzen
wird nie unsere Klugheit,
sondern immer unsere Liebe sein.

Spruch

Jeder Mensch ist eine andere Welt;
da hilft nur eins:
Die Brücke der Liebe.

Spruch

Geduldig trägt dein Mütterlein
für dich so manche Last,
drum halte sie auch lieb und wert,
so lang du sie noch hast.

Spruch

Kurz ist dieses Erdenleben,
schnell vergangen ist die Zeit,
doch kann uns jeder Tag viel geben:
Freude, Liebe, Glück und Leid.

Spruch

Drei Pfund Liebe, etwas Glück,
Toleranz ein großes Stück,
Paprika und Frohsinn mischen,
etwas Pfeffer gib dazwischen,
Treue rühre noch hinein,
und die Eh' wird glücklich sein.

Spruch

Der braune Bär lebt in Sibirien,
in Afrika, da lebt das Gnu,
das schwarze Schwein lebt in Sizilien,
in meinem Herzen lebst nur du!

Spruch

In meinem Herzen hab ich Platz
für alles mögliche Getier,
ich liebe Pferde, Hund und Katz,
jedoch am meisten dir!

Spruch

Ein Herz voll Liebe

Es spuckt der Bäcker in die Hände,
es spuckt die Köchin ins Ragout,
es spuckt der Lausbub an die Wände,
in meinem Herzen spukst nur du.

Spruch

Ich hatte Tränen im Gesicht,
als ich sagte: Ich liebe dich!
Doch du glaubtest mir nicht,
ich ging durch die Gassen, mein Herz war leer,
leben wollte ich nicht mehr.
An meinem Grabe da stand ein Wicht,
der hatte Tränen im Gesicht!
Schlecht ist's geschrieben,
gut ist's gemeint,
meine Hand hat's geschrieben,
mein Herz hat geweint!

Spruch

Ich bin du,
und du bist ich,
kurz gesagt
Ich liebe dich!

Spruch

Dies ist, o Freund, im Erdental
gewöhnlich so dein Lebenslauf:
Mit Liebesschmerzen fängst du an,
mit Rheumatismus hörst du auf.

Spruch

Verlaß dich auf mich:
Ich liebe dich!
Verläßt du mich,
so weine ich.

Spruch

Streut Blumen der Liebe bei Lebenszeit,
bewahret einander vor Herzeleid.

Spruch

Das Veilchen braucht den Sonnenschein,
dann treibt es neue Triebe.
Dir wünsche ich zum Glücklichsein:
Jede Menge Liebe!

Spruch

Ein Herz voll Liebe

Dein Album ist ein Blumengarten,
drin blühen Blumen aller Arten.
Ich stell in diesem Blumenflor
im Herzen mir das Unkraut vor.
Doch wenn die Rosen welkend fallen,
gedenk des Unkrauts dann vor allem,
denn meine Liebe nie erstirbt,
weil ja das Unkraut nicht verdirbt.

Spruch

Wir sitzen auf der gleichen Bank
und lernen dieselben Sachen;
drum wollen wir uns lieben ein Leben lang
und Freude einander machen.

Spruch

Freund, der Tauber girrt,
sieh, der Tauber schwirrt
um sein liebes Täubchen:
Nimm auch du ein Weibchen,
wie's der Tauber tut,
und sei wohlgemut!

Ludwig Christoph Heinrich Hölty

Die meisten Menschen brauchen
mehr Liebe als sie verdienen.

Marie von Ebner-Eschenbach

Ich liebe dich, ich küsse dich
im Sitzen und im Liegen.
Wenn wir einmal Engel sind,
dann küss' ich dich im Fliegen.

Spruch

Es weht auseinander der lose Wind
die Wellen und Wolken und Flammen.
Zwei Herzen, die für einander sind,
die finden sich immer zusammen.

Spruch

Sei hochbeseligt oder leide:
Das Herz bedarf ein zweites Herz.
Geteilte Freud ist doppelt Freude,
geteilter Schmerz ist halber Schmerz.

Christoph August Tiedge

Ein Herz voll Liebe

Das Veilchen am Bache,
das Röslein am Strauch
sind alle zwei herzig,
und du bist es auch!

Gegen Liebe hilft kein Wehren,
wie die Dichter dichten.
Lieb kann höchstes Glück bescheren,
sie kann dich auch vernichten!

Du sollst stets blühen und gedeihn.
Du bist für mich die schönste Blume
an meines Herzens Heiligtume.
Darum möcht ich dein treuer Gärtner sein.

Rote Lippen, roter Mund.
Liebe Christa, bleib gesund.

Wenn ich dich sehe,
vor Freuden ich krähe!

Spruch

Ich hab dich so gern;
und ziehst du in die Fern,
so mögen wir uns trotzdem leiden,
auch wenn auf immer getrennt wir bleiben.

Spruch

Rote Rosen stehn im Garten,
tragen schönes grünes Laub.
Deiner will ich immer warten,
bis ich werde einst zu Staub.

Spruch

Januar, Februar, März,
du bist mein liebes Herz.
Mai, Juni, Juli, August,
mir ist nichts mehr bewußt.

Johann Wolfgang Goethe

Ein Herz voll Liebe

Auf Flügeln des Gesanges,
Herzliebchen, trag ich dich fort,
fort nach den Fluren des Ganges,
dort weiß ich den schönsten Ort.
Dort wollen wir niedersinken
unter dem Palmenbaum,
und Liebe und Ruhe trinken
und träumen seligen Traum.

Heinrich Heine

Freund, such im stillen Tale
den düftereichsten Hain,
und gieß aus goldner Schale
den frohen Opferwein.
Noch lächelt unveraltet
das Bild der Erde dir;
der Gott der Liebe waltet
noch über dir und mir!

Friedrich Hölderlin

Heute zählt nur noch der Schein.
Überall nur Heuchelei'n.
Überall nur Triebe,
ich vermisse die Liebe!

Spruch

Ach, wie schön, wenn so zwei Menschen walten,
miteinander leben und veralten;
Jugend, unverloren wird umschweben
die Genossen, die zusammen leben.

Jean Paul

Eine schöne Menschenseele finden
ist Gewinn, ein schönerer Gewinn,
sie erhalten, und der schönst und schwerste,
sie, die schon verloren war, zu retten.

Johann Gottfried Herder

O glücklich, wer ein Herz gefunden,
das nur in Liebe denkt und sinnt
und, mit der Liebe treu verbunden,
sein schöneres Leben erst beginnt.
Wo liebend sich zwei Herzen einen,
nur eins zu sein in Freud und Leid,
da muß des Himmels Sonne scheinen
und heiter lächeln jede Zeit.

Hoffmann von Fallersleben

Ein Herz voll Liebe

Halte dich an die Weiden,
daß du nicht ins Wasser fällst;
denn ich mag dich leiden,
weil du mir gefällst.

Spruch

Ich hab ein kleines Hüttchen nur,
steht fest auf einer Wiesenflur
an einem Bach, der Bach ist schön:
Willst du mit mir ins Hüttchen gehn?

Johann Wilhelm Ludwig Gleim

Wenn du ein Herz gefunden,
das treu mit dir es meint
in gut und bösen Stunden,
bleib eng mit ihm vereint!

Albert Traeger

Eigentlich geht im Prinzip alles;
aber ohne Liebe geht nichts.

Spruch

Das ärmste, kleinste Kümmerlein
verklärt die Liebe mit goldenem Schein;
es reicht keine Kunst an das heran,
was die Liebe tut und die Liebe kann.

Spruch

Liebe hört auf keine Lehre,
weiß im Leben nicht ein noch aus.
Wenn es nicht eben die Liebe wäre,
man sperrte sie ins Irrenhaus.

Spruch

Wenn ich dereinst ganz alt und schwach,
und's ist mal ein milder Sommertag,
so hink ich wohl aus dem kleinen Haus
bis unter den Lindenbaum hinaus.
Da setz ich mich dann im Sonnenschein
einsam und still auf die Bank von Stein,
denk an vergangene Zeiten zurücke
und schreibe mit meiner alten Krücke
und mit der alten, zitternden Hand
BERTHA so vor mir in den Sand.

Wilhelm Busch

Ein Herz voll Liebe

O zarte Sehnsucht, süßes Hoffen,
der ersten Liebe goldne Zeit!
Das Auge sieht den Himmel offen,
es schwelgt das Herz in Seligkeit.
O daß sie ewig grünen bliebe,
die schöne Zeit der jungen Liebe!

Friedrich Schiller

Schönste Blume Männertreu,
wo bist du zu finden?
Nicht auf Bergen, nicht auf Höh'n,
nicht in Tales Gründen.
Suchst du sie? O kehr zurück,
bleib an deinem Herde,
denn die Blume Männertreu
blüht nicht auf dieser Erde.

Spruch

Es webt die Spinne ihre Netze,
es webt der Weber ohne Ruh,
es webt die Norne bis aufs Letzte:
in meinem Herzen webst nur du!

Spruch

Wunderlichstes Buch der Bücher
ist das Buch der Liebe!
Aufmerksam hab ich's gelesen:
wenig Blätter Freuden,
ganze Hefte Leiden!

Johann Wolfgang Goethe

Alle Tage ist kein Sonntag,
alle Tag gibt's keinen Wein,
aber du sollst alle Tage
recht lieb zu mir sein!

Spruch

Wenn heimlich sich die Liebe naht,
dann nützt kein Zaun und Stacheldraht.

Spruch

Liebe kann man nicht beschreiben,
Liebe muß man praktisch treiben.

Spruch

Ein Herz voll Liebe

Ei, was kümmern uns Sturm und Wind,
wenn wir in Liebe beisammen sind.

Spruch

Sprichst du auch mit Engelszungen:
Kennst du nicht der Liebe Schmerz,
bist du eine klingende Schelle
oder ein tönendes Erz.

Spruch

Biri-biri-bump,
der Kaiser ist ein Lump,
der König ist ein Dieb,
aber du bist mir lieb.

Spruch

Ich liebe dich allein,
kein andrer soll es sein,
kein andrer soll es werden,
solang ich leb auf Erden.

Spruch

Ich schnitt es gern in alle Rinden ein,
ich grüb es gern in jeden Kieselstein,
ich möcht es sä'n auf jedes Gartenbeet
mit Kressesamen, der es schnell verrät,
auf jeden weißen Zettel möcht ich's schreiben:
Dein ist mein Herz und soll es ewig bleiben!

Wilhelm Müller

Vom Himmel kam geflogen eine Taube,
sie brachte ein Kleeblatt mit dreifachem Laube.
Sie ließ es fallen; glücklich, wer es findet.
Drei Blättchen sind es:
Hoffnung – Liebe – Glaube!

Friedrich Rückert

Überall ist Platz
für einen guten Satz.
Drum schreib ich hier hin,
wie lieb ich dir bin.

Spruch

Ein Herz voll Liebe

Besser, daß das Herz dir bricht
von dem Kuß der Rose,
als du kennst die Liebe nicht
und stirbst liebelose.

Friederike Robert

Ich möcht dich küssen auf den Mund,
denn küssen ist so urgesund.
Der Kuß ist das Zusammenbauzen
zweier verliebter Menschenschnauzen.
Die Blicke werden tief und tiefer,
es nähern sich die Unterkiefer,
dann pflegt man mit geschlossenen Augen
sich aneinander festzusaugen,
wobei meist ein Geräusch entsteht
als wenn die Kuh durch Matsche geht.

Spruch

Wie blau ist der Himmel,
wie funkeln die Stern,
wie hat doch der Bernd
seine Moni so gern.

Spruch

Ich liebe dich!
Ich könnte dir ohne Bedenken
eine Speiche aus meinem Fahrrad schenken.

Spruch

Durch Zufall lernten wir uns kennen,
durch Zufall müssen wir uns trennen,
durch Zufall kann es mal geschehen,
daß wir uns durch Zufall wiedersehen.

Spruch

Die Lieb ist süß wie würziger Rosenduft,
der unsichtbar beseelt die warme Luft
und trunken macht die honigdurst'gen Bienen.
Doch Lieb ist kurz auch wie der Rose Tag,
der schneller endet als der süße Schlag
der Nachtigall, die sie beweint im Grünen.

Spruch

Ein Herz voll Liebe

Nur eine Mutter weiß allein,
was lieben heißt und glücklich sein.

Adelbert von Chamisso

Ick liebe dir, ick liebe dich,
wie's richtig heeßt, det weeß ick nich,
un dennoch bin ick helle.
Ick lieb nich uff den dritten Fall,
ick lieb nich uff den vierten Fall,
ick lieb uff alle Fälle.

Spruch

Die Liebe bricht herein wie Wetterblitzen,
die Freundschaft kommt wie sanftes
Mondenlicht;
die Liebe will erwerben und besitzen,
die Freundschaft opfert, doch sie fordert nicht.

Emanuel Geibel

Muß es sein, schick dich drein

Unser Erdendasein hält viele Wechselfälle des Lebens für uns bereit. Das wissen auch die Dichter und Reimer, die ernste und heitere Sprüche in Stammbücher und Poesiealben schreiben. Im Laufe der Jahrhunderte haben sich zahlreiche Verse in den Köpfen der Menschen festgesetzt, die durchaus beachtenswert sind.

Die Sprüche, Verse und Reime der folgenden Seiten verraten dem Leser, wie er und seine Lieben persönlich das Leben meistern können:

> Lieber heimlich schlau
> als unheimlich dumm.

Wer knappe, aber treffende Worte sucht, der findet in diesem Kapitel garantiert die passenden Sprüche.

Humor ist die beste Medizin,
die am wenigsten kostet
und am besten einzunehmen ist.

Spruch

Man sieht nur mit dem Herzen gut,
das Wesentliche ist für die Augen unsichtbar.

Antoine de Saint-Exupéry

Wer lächelt, statt zu toben,
ist immer der Stärkere.

Spruch

Denk' stets, wenn dir etwas nicht gefällt:
„Es währt nicht ewig auf dieser Welt".
Der kleinste Ärger, die größte Qual
sind nicht von Dauer, sie enden mal.
Drum sei dein Trost, was immer sei:
„In fünfzig Jahren ist alles vorbei!"

Spruch

Sei im Reden wahr,
sei im Denken klar,
sei im Herzen rein,
so wirst du glücklich sein.

Spruch

Dank mit dem Mund,
hat wenig Grund.
Im Herzen Dank,
ist guter Klang.
Dank mit der Tat,
das ist mein Rat.

Spruch

Wenn du dir eine Freundin suchst,
dann such dir eine echte;
denn unter 100 Freundinnen
sind 99 schlechte.

Spruch

Sich dreinschicken

217

Geh! Gehorche meinem Winke,
nutze deine jungen Tage,
lerne zeitig klüger sein!
Auf des Glückes großer Waage
steht die Zunge selten ein;
du must steigen oder sinken,
du mußt herrschen oder gewinnen,
oder dienen und verlieren,
leiden oder triumphieren,
Amboß oder Hammer sein.

Spruch

Leicht zu leben ohne Leichtsinn,
heiter zu sein ohne Ausgelassenheit,
Mut zu haben ohne Übermut –
das ist die Kunst des Lebens.

Spruch

Das nächste Ziel mit Lust und Freude
und aller Kraft zu verfolgen,
ist der einzige Weg,
das Fernste zu erreichen.

Spruch

Nichts halb zu tun,
ist edler Geister Art!

Christoph Martin Wieland

Wer über gewisse Dinge
den Verstand nicht verliert,
der hat keinen zu verlieren.

Gotthold Ephraim Lessing

Was die Schickung schickt, ertrage!
Wer ausharret, wird gekrönt.

Johann Gottfried Herder

Der Glaube ist zum Ruhen gut,
doch bringt er nicht von der Stelle;
der Zweifel in ehrlicher Männerfaust,
der sprengt die Pforten der Hölle.

Theodor Storm

Sich dreinschicken

Es ist einem denkenden Menschen
durchaus unmöglich, sich ein
Nichtsein, ein Aufhören des
Denkens und Lebens zu denken.

Johann Wolfgang Goethe

Du wirst es nie zu Tücht'gem bringen,
bei deines Grames Träumerein.
Die Tränen lassen nichts gelingen,
wer schaffen will, muß fröhlich sein.

Spruch

Ein Ende nimmt das leichte Spiel,
es naht der Ernst des Lebens.
Behalt im Auge fest dein Ziel,
tu keinen Schritt vergebens.

Spruch

Steil sind oft des Lebens Stufen
und recht hart wie Felsgestein,
später einmal wirst du rufen:
„Wie war es schön, ein Kind zu sein!"

Spruch

Im Glücke stets zufrieden,
im Unglück edelmütig,
den Freunden stets getreu
und gegen Feinde gütig!

Spruch

Wenn du im Herzen Frieden hast
wird dir die Hütte zum Palast.

Spruch

Mit vielen teile deine Freuden,
mit allen Munterkeit und Scherz,
mit auserwählten deine Leiden,
mit wenig Edlen nur dein Herz.

Spruch

Sich dreinschicken

Fröhlich ist, wer lacht und singt,
auch wenn das Leben Sorgen bringt.

Spruch

Ein gutes Wort und frohes Lachen
kann dich und andre glücklich machen.

Spruch

Sei ein Sonnenkind im Leben,
wer Sonne hat, kann Sonne geben.

Spruch

Alle unsere Leiden kommen daher,
daß wir nicht allein sein können.

Spruch

Der eine trägt Holz,
der andre wärmt sich dran.

Wilhelm Busch

Wer das Böse ohne Widerspruch hinnimmt,
arbeitet in Wirklichkeit mit ihm zusammen.

Spruch

Das Gute, dieser Satz steht fest,
ist stets das Böse, das man läßt.

Wilhelm Busch

Die Welt ist viel zu schön und zu weit,
als daß sie der Mensch begreifen könnte.

Spruch

Sich dreinschicken

Wer, was, wie?
Fragen schadet nie!

An bösen Worten,
die man unausgesprochen hinunterschluckt,
hat sich noch niemand den Magen verdorben!

Was sind Berge von Gold
gegen eine Hand voll Glück.

Etwas zum Freuen hat jeder Tag,
so trüb und grau er auch scheinen mag.

Dumme Gedanken hat jeder,
doch der Weise verschweigt sie.

Wilhelm Busch

Du bringst nichts hinein,
du nimmst nichts mit heraus.
Laß eine goldene Spur
in deinem Erdenhaus.

Spruch

Zu wissen, wie man abwartet,
ist das große Geheimnis des Erfolges.

Spruch

Rede nie Worte in fliegender Eile;
denn fliegende Worte sind trennende Pfeile.

Spruch

Sich dreinschicken

Viel leichter ist es,
zehntausend Dinge zu studieren,
als in einem ein Meister zu werden.

Spruch

Rosen auf den Weg gestreut
und des Harms vergessen!
Eine kurze Spanne Zeit
war uns zugemessen.

Spruch

In dem Garten deines Lebens
siehst du manches Röslein blühn;
doch der große Gärtner pflanzte
Dornen auch daneben hin.

Spruch

Die Alten ehre stets.
Du bleibst nicht immer Kind.
Sie waren, was du bist.
Du wirst das, was sie sind.

Spruch

Wären Lügen so schwer
wie Steine zu tragen,
würde mancher lieber
die Wahrheit sagen.

Spruch

Mich kümmert einzig,
was ich zu tun habe,
nicht, was die Leute denken.

Spruch

Rede wenig, aber wahr;
denn viel Reden bringt Gefahr.

Spruch

Sich dreinschicken

Halte Ordnung, liebe sie,
sie erspart dir Zeit und Müh'!

Spruch

Treue ist ein selt'ner Gast,
halt' ihn fest,
wenn du ihn hast.

Spruch

Sonst, wie die Alten sungen,
so zwitscherten die Jungen;
jetzt, wie die Jungen singen,
soll's bei den Alten klingen.
Bei solchem Lied und Reigen
das Beste – lieber schweigen.

Johann Wolfgang Goethe

Was nennen die Menschen am liebsten dumm?
Das Gescheite, das sie nicht verstehen.

Spruch

Glück hat auf die Dauer
immer nur der Tüchtige!

Jeder Mensch begegnet einmal seinem Glück,
doch nur die wenigsten erkennen es.

Verlange von deinem Mitmenschen nie mehr,
als du selbst zu geben imstande bist.

Viele Menschen versäumen das kleine Glück,
weil sie auf das große vergeblich warten.

Sich dreinschicken

229

Es kann die Ehre dieser Welt
dir keine Ehre geben,
Was dich in Wahrheit hebt und hält,
Muß in dir selber leben.

Wenn's deinem Innersten gebricht
an echten Stolzes Stütze,
ob dann die Welt dir Beifall spricht,
ist all dir wenig nütze.

Das flücht'ge Lob, des Tages Ruhm
magst du dem Eitlen gönnen;
das aber sei dein Heiligtum:
Vor dir bestehen können.

Theodor Fontane

Wie die Väter einst gestritten,
was sie trugen und erlitten,
sagt euch der Geschichte Buch.
Laßt es nicht Papier nur bleiben,
in die Seele müßt ihr's schreiben,
einen Wahr- und Lebensspruch.
Denn sie schufen und erbauten,
weil der Zukunft sie vertrauten.
Ihre Zukunft? Das sind wir!

Ernst Wildenbruch

Wo keine Gerechtigkeit ist,
da ist Gewalt.

Spruch

Laß' niemals einen Tag vergehen,
an dem nichts Gutes ist geschehen.

Spruch

Wenn du sparst, dann denke dran,
daß alles Große klein begann.

Spruch

Das Leben schwer nehmen, ist leicht.
Das Leben leicht nehmen, ist schwer.

Spruch

Sich dreinschicken

Nicht für die Schule,
für das Leben lernen wir.

Immer vorwärts, nie zurück,
frischer Mut bringt neues Glück.

Das Beste, was man dem heutigen
Menschen schenken kann, ist Zeit.

Unsere Zeit vergeht geschwind,
nimm die Stunden, wie sie sind,
sind sie bös', laß sie vorüber,
sind sie gut, dann freu' dich drüber.

Das sind die Weisen,
die durch Irrtum zur Wahrheit reisen.
Die bei dem Irrtum verharren,
das sind die Narren.

Friedrich Rückert

Für das Können gibt es nur einen Beweis:
das Tun.

Marie von Ebner-Eschenbach

Eng ist die Welt, und das Gehirn ist weit –
leicht beieinander wohnen die Gedanken,
doch hart im Raume stoßen sich die Sachen.

Friedrich Schiller

Es trägt Verstand und rechter Sinn
mit wenig Kunst sich selber vor.

Johann Wolfgang Goethe

Sich dreinschicken

Wer vieles anfängt zu gleicher Zeit,
macht alles halb und nichts gescheit.

Spruch

Was du nicht willst, das man dir tu,
das füg auch keinem andern zu.

Spruch

Tadle stets nur solche Sachen,
die du selbst kannst besser machen.

Spruch

Wer immer das letzte Wort haben will,
spricht bald mit sich allein.

Spruch

Ehe man tadelt, sollte man immer erst versuchen,
ob man nicht entschuldigen kann.

Georg Christoph Lichtenberg

Irrtum verläßt uns nie;
doch ziehet ein höher Bedürfnis
immer den strebenden Geist
leise zur Wahrheit hinan.

Johann Wolfgang Goethe

Es ist fast unmöglich, die Fackel der Wahrheit
durch ein Gedränge zu tragen,
ohne jemandem den Bart zu sengen.

Georg Christoph Lichtenberg

Sich dreinschicken

Seele des Menschen,
wie gleichst du dem Wasser;
Schicksal des Menschen,
wie gleichst du dem Wind!

Johann Wolfgang Goethe

Nicht was du bist
ist's was dich ehrt,
wie du es bist,
bestimmt den Wert.

Spruch

Man muß das Gute tun,
damit es in der Welt sei.

Marie von Ebner-Eschenbach

Wir alle sind als Lichter
in diese Welt gestellt,
ein kleines Licht nur jeder,
wie hell wär' dann die Welt.

Spruch

Mach' dem Vater keine Sorgen,
bereit' der Mutter keinen Schmerz,
denn du weißt nicht, ob schon morgen
du verlierst ein Elternherz.

Spruch

Nicht Wünschelrute, nicht Alraune,
die beste Zauberei liegt in der guten Laune.

Spruch

Die Erinnerung ist das einzige Paradies,
aus dem wir nicht vertrieben werden können.

Spruch

Nur eins beglückt zu jeder Frist:
Schaffen, wofür man geschaffen ist.

Spruch

Sich dreinschicken

Ganz gewiß hörst du es nicht gern,
wenn jemand mahnend spricht.
Heute sollen wir dir etwas schreiben,
das soll für die Zukunft bleiben.
Laß dir von uns Alten sagen:
Vieles kann der Mensch ertragen.
Viel zu nagen gibt die Zeit.
Etwas leichter geht's zu zweit.
Wir zwei beiden machten's so
und sind auch darüber froh;
manche schaffen's auch allein.
Was für dich wird richtig sein,
mußt du einmal selbst entscheiden.
Recht viel Glück und wenig Leiden,
das ist's, was wir wünschen können
und dir stets von Herzen gönnen!
Oma und Opa

Spruch

Nicht jeder ist zum Gelehrten berufen.
Des Erfolges Leiter hat viele Stufen.
Wer allzu straff den Bogen spannt,
dem rutscht der Pfeil wohl aus der Hand.

Spruch

Dir, mein liebes Patenkind,
bin ich immer wohlgesinnt,
und so soll's auch weiter sein.
Heute durfte ich mich freu'n,
als du mit dem Album kamst
und mich gleich am Ärmel nahmst!
Dir zu schreiben ein paar Zeilen
will ich also mich beeilen:
Daß im Leben du sollst tragen
viele Freuden, wenig Leid
immer – bis zu fernen Tagen,
wünsche ich dir hier und heut,
wünsche ich dir allezeit!

Spruch

Der traurigste aller Tage im Jahr
ist der, an dem man nicht gelacht hat.

Spruch

Wer immer vergebens nach Gold gräbt,
sieht nur die Erde, nicht aber die Blumen,
die auf ihr erblühen.

Spruch

Sich dreinschicken

Sei selbst ein Mann; wo nicht,
such eines Mannes Schutz!
Den Stamm des Baumes macht
die Ranke sich zunutz.

Friedrich Rückert

Glücklich, wer jung in jungen Tagen;
glücklich, wer, mit der Zeit gestählt,
gelernt, des Lebens Ernst zu tragen.

Alexander Puschkin

Ein reines Gewissen
ist ein sanftes Ruhekissen.

Spruch

Der Gescheitere gibt nach!
Eine traurige Wahrheit;
sie begründet die Weltherrschaft der Dummheit.

Marie von Ebner-Eschenbach

Man kann nicht jeden Tag
etwas Großes tun,
aber gewiß etwas Gutes.

Spruch

Die Jahre schnell vorüberziehn,
du aber mögest ewig blühn!

Spruch

Dulde, gedulde dich fein!
Über ein Stündlein
ist deine Kammer voll Sonne.

Spruch

Wer Freunde sucht,
ist sie zu finden wert.
Wer keine hat,
hat keine noch begehrt.

Spruch

Sich dreinschicken

Das höchste Glück, o Menschenkind,
o glaube doch mitnichten,
daß es erfüllte Wünsche sind;
es sind erfüllte Pflichten.

Spruch

Sanft und leise, wie der Schwan
durch die Wellen gleitet,
wandle auf der Lebensbahn,
stets vom Glück geleitet.

Spruch

Reden ist Silber,
Schweigen ist Gold.

Spruch

Tu nur das Rechte in deinen Sachen,
das andere wird sich von selber machen.

Spruch

Viele Wege führen dem Guten zu.
Die Wege sind da, gehen mußt du.

Spruch

Lernen ist wie ein Rudern gegen den Strom,
sobald man aufhört, treibt man zurück.

Spruch

Wer mit Humor sein Sach' bestellt,
dem lachet froh die ganze Welt.

Spruch

Kinderland, du Zauberland,
Haus und Hof und Hecken.
Hinter blauer Wälderwand
spielt die Welt Verstecken.

Detlev von Liliencron

Sich dreinschicken

Und in der Jugend, ich glaub feste,
ist Liebe wiederum das Beste.
Dort, wo sie sich mit Freundschaft paart,
hat sie gewiß uns nie genarrt.

Spruch

Nur solchen Kindern geht es gut,
auf denen Elternsegen ruht.

Spruch

Die Menschen, die nach Ruhe suchen,
die finden Ruhe nimmermehr,
weil sie im allzu emsigen Suchen
die Ruhe treiben vor sich her.

Spruch

Ein frohes Herz und frischer Mut
sind besser als viel Geld und Gut.

Spruch

Der kürzeste Weg zwischen zwei Menschen
ist ein Lächeln.

Spruch

Wer andere unglücklich macht,
gibt gewöhnlich vor,
ihr Bestes zu wollen.

Spruch

Man kann viel,
wenn man sich nur recht viel zutraut.

Spruch

Wer die Welt verbessern will,
kann gleich mit sich selbst anfangen.

Spruch

Sich dreinschicken

Die Menschen sagen immer,
die Zeiten werden schlimmer.
Die Zeiten bleiben immer.
Die Menschen werden schlimmer

Spruch

So mancher meint, ein gutes Herz zu haben
und hat nur schwache Nerven.

Marie von Ebner-Eschenbach

Nicht jeder, der sich dein Freund nennt,
steht immer in Treue zu dir.
Jedem, dem du Freund dich nennst,
halte auf ewig die Treue!

Spruch

Vieles erwartet sich von der Welt der Mann.
Nichts gibt sie dem, der nicht zu erobern
sie weiß!

Spruch

Zwischen Hochmut und Demut
steht ein Drittes,
dem das Leben gehört,
und das ist einfach der Mut.

Spruch

Was du heute kannst besorgen,
das verschiebe nicht auf morgen.

Spruch

Fang' deine Arbeit munter an,
so ist sie auch schon halb getan.

Spruch

Überlege, was du tust
und bedenke das Ende.

Spruch

Sich dreinschicken

Ein freudiges Wort
ist wie eine Brücke.

Laß' dich führen in der Jugend
willig nach der Eltern Rat.
Denn sie wünschen nichts als Tugend
dir auf deinem Lebenspfad.

Ob hast du noch ein Mütterlein,
so sei ihr kindlich gut.
Wer weiß, wie bald ihr treues Herz
wohl unter Rosen ruht.

Sei gehorsam, sei bescheiden,
höre gern der Eltern Wort.
Lerne reden, lerne schweigen,
aber nur am rechten Ort.

Vater ehren, Mutter lieben,
Vera, das ist deine Pflicht.
Deine Eltern zu betrügen,
das versuch' dein Lebtag nicht.

Spruch

Trockne Tränen und schenk' Lachen,
glücklich sein heißt glücklich machen.

Spruch

Steh' nicht dabei, um zuzuschauen,
faß' wacker an, um mitzubauen!

Spruch

Daß etwas noch nicht existiert,
macht es weder falsch noch unsinnig.

Spruch

Sich dreinschicken

Wenn einer in einer Sache Meister geworden ist,
sollte er in einer neuen Sache Schüler werden.

Spruch

Liebe deinen Nächsten wie dich selbst!

Spruch

Froh zu sein bedarf es wenig,
und wer froh ist, ist ein König.

Spruch

Wer einmal lügt, dem glaubt man nicht,
auch wenn er dreist die Wahrheit spricht.

Spruch

Ohne Wolken am Himmel
kann es nicht regnen.

Spruch

Redet einer schlecht von dir,
sei es ihm erlaubt.
Doch du, du lebe so,
daß niemand es ihm glaubt.

Spruch

Sokrates, der weise Greis,
sagte oft in tiefen Sorgen:
„Ach, wie viel ist doch verborgen,
was man immer noch nicht weiß."
Und so ist es. – Doch indessen
darfst du eines nicht vergessen:
Eines weißt du doch hienieden,
nämlich, wenn du unzufrieden.

Spruch

Sich dreinschicken

Engel mögen dich begleiten,
wenn wir auseinander gehn,
in der Nähe, in der Ferne,
wenn wir uns nicht wiedersehn.

Spruch

Hanna, halte dich in Ehren,
deine Mutter kränke nie.
Statt ihr Lasten zu erschweren,
helfe und erleicht're sie.
Denke, wenn die liebe Mutter
einst im Grabe ruht:
Oh, dann ist zu spät die Reue,
Tränen machen nichts mehr gut.

Spruch

Unter Linden, unter Buchen
wirst du einst die Mutter suchen.
Aber nirgends wird sie sein
als im Grabe ganz allein.

Spruch

Vaterliebe baut das Haus,
Mutterliebe schmückt es aus,
Kinderliebe allerzeit
leuchtet hell aus Dankbarkeit.

Spruch

Was hilft es dir, damit zu prahlen,
daß du ein freies Menschenkind?
Mußt du nicht pünktlich Steuern zahlen,
obwohl sie dir zuwider sind?

Wilhelm Busch

Der Fleiß in deinen Jugendtagen
wird später reiche Früchte tragen.
Benutze treu den Augenblick,
vergang'ne Zeit kehrt nie zurück.

Spruch

Sich dreinschicken

Richte nie den Wert des Menschen
schnell nach einer kurzen Stunde!
Oben sind bewegte Wellen,
doch die Perle liegt im Grunde.

Otto von Leixner

Sei freundlich und bescheiden,
denn dies ist eine Zier,
dann kann dich jeder leiden,
und dieses wünsch' ich dir.

Spruch

Geh' nicht nur die glatten Wege,
geh' Wege, die noch niemand ging,
damit du Spuren hinterläßt
und nicht nur Staub.

Spruch

Ehe du in deinem Leben
fest auf einen Menschen baust,
geh' mit Vorsicht ihm entgegen,
eh' du dich ihm anvertraust.
Schau ihm tief und fest ins Auge,
ob auch offen ist sein Blick;
denn die Menschen können lügen,
doch das Auge trügt dich nicht.

Spruch

Wie des Baches Quelle,
silberhell und rein,
sollen auch die Tage
deines Lebens sein.

Spruch

Das Leben ist der Güter höchstes nicht;
der Übel größtes aber ist die Schuld.

Friedrich Schiller

Sich dreinschicken

Es kann der Frömmste nicht in Frieden leben,
wenn es dem bösen Nachbarn nicht gefällt.

Friedrich Schiller

Man spricht vergebens viel, um zu versagen.
Der andere hört von allem nur das Nein!

Johann Wolfgang Goethe

Glück, Glück, Glück
jeden Tag ein Stück.

Spruch

Stärke ist jedermanns Sache nicht.
Aber kühner und kräftiger Geist
zieret den wackeren Mann!

Spruch

Alles geben die Göter, die unendlichen,
ihren Lieblingen ganz,
alle Freuden, die unendlichen,
alle Schmerzen, die unendlichen, ganz.

Johann Wolfgang Goethe

Was du nicht reden darfst,
laß auf der Zunge versiegelt;
besser ein Wort bewahrt
als einen güldenen Schatz.

Johann Gottfried Herder

Was man von der Minute ausgeschlagen,
gibt keine Ewigkeit zurück!

Friedrich Schiller

Vom Unglück erst
zieh ab die Schuld;
was übrig ist,
trag in Geduld!

Theodor Storm

Sich dreinschicken

Heiterkeit und Freudigkeit ist der Himmel,
unter dem alles gedeiht, Gift ausgenommen.

Jean Paul

Was von mir ein Esel spricht,
das acht' ich nicht.

Johann Wilhelm Ludwig Gleim

Gesundheit schmücke deine Tage,
Zufriedenheit begleite sie,
dein Leben fließe ohne Klage
dahin in schönster Harmonie.

Spruch

Wer über andere Schlechtes hört,
soll es nicht weiter noch verkünden.
Gar leicht wird Menschenglück zerstört,
doch schwer ist Menschenglück zu
gründen.

Spruch

Für Ordnung bist du nicht zu haben?
Laß deine Eltern fluchen
und denke dir: Wer Ordnung hält,
ist bloß zu faul zum Suchen!

Spruch

Vergiß was gewesen,
denk nicht mehr an einst;
es kehrt ja nicht wieder,
so lang du auch weinst.

Spruch

Willst du glücklich sein im Leben,
trage bei zu andrer Glück;
denn die Freude, die wir geben,
kehrt ins eigne Herz zurück.

Spruch

Sich dreinschicken

Das Leben ist Kampf –
siege!

Spruch

Erfolg hat im Leben und Treiben der Welt,
wer Ruhe, Humor und die Nerven behält.

Spruch

Ohne Fleiß kein Preis.

Spruch

Der Erde köstlichster Gewinn
ist reines Herz und froher Sinn.

Spruch

Wer die Wahrheit kennet und saget sie nicht,
der bleibt ein ehrlos erbärmlicher Wicht.

August Binzer

O Menschenherz, was ist dein Glück?
Ein rätselhaft geborner,
und, kaum gegrüßt, verlorner
unwiederholter Augenblick!

Nikolaus Lenau

Der Augenblick nur
entscheidet über das Leben des Menschen
– und über sein ganzes Geschick.

Johann Wolfgang Goethe

Leiste Rechtes,
ob dich darum auch niemand ehrt;
wahrhaft Echtes ist immer schätzenswert.

Martin Greif

Ein Mühlstein und ein Menschenherz
wird stets herumgetrieben;
wo beides nichts zu reiben hat,
da wird es selbst zerrieben.

Friedrich von Logau

Wer sich an andre hält,
dem wankt die Welt,
wer auf sich selber ruht,
steht gut.

Spruch

Gleich sei keiner dem andern,
doch gleich sei jeder dem Höchsten!
Wie das zu machen?
Es sei jeder vollendet in sich.

Johann Wolfgang Goethe

In der Jugend lernt,
im Alter versteht man.

Marie von Ebner-Eschenbach

Wenigstens Selbstironie sollte der Sünder haben, –
also jedermann.

Wilhelm Busch

Der hat das Leben recht erfaßt,
der drin mit beiden Füßen steht,
die Stunden nützt und Liebe sät,
und tapfer trägt des Tages Last.

Spruch

Der Mensch braucht ein Plätzchen,
und ist es noch so klein,
von dem er kann sagen,
sieh, dies hier ist mein.
Hier leb ich, hier lieb ich,
hier ruh ich mich aus,
hier ist meine Heimat,
hier bin ich zu Haus.

Spruch

Sich dreinschicken

Es ist ein Brauch von alters her:
Wer Sorgen hat, hat auch Likör.

Wilhelm Busch

Erst Pflicht und Fleiß,
dann Scherz und Spiel,
das ist der rechte Weg zum Ziel.

Spruch

Leichtes Herz
und froher Sinn –
das reicht mir hin.
Gesteh, daß ich
bescheiden bin!

Parodie nach Friedrich Schiller

Zufrieden sein ist große Kunst,
zufrieden scheinen bloßer Dunst,
zufrieden werden großes Glück,
zufrieden bleiben Meisterstück.

Spruch

Es kann der Mensch,
was er nur ernstlich will,
drum halte niemals vor dem Ziele still.

Spruch

Ein Tag, der ohne Lachen war,
bringt leicht die Schönheit in Gefahr.
Er macht dir Falten ins Gesicht,
drum lache viel – vergiß das nicht.

Spruch

Wer beobachten will,
darf nicht mitspielen.

Wilhelm Busch

Klatsch heißt:
Anderer Leute
Sünden beichten.

Wilhelm Busch

Sich dreinschicken

Ein Töpfchen stand im Dunkeln
an stillverborgner Stelle.
„Ha", rief's, „wie wollt' ich funkeln,
käm' ich nur mal ans Helle!"
Ihm geht es wie vielen Narren.
Säß einer auch hinten im Winkel,
so hat er doch seinen Sparren
und seinen aparten Dünkel.

Wilhelm Busch

Nur Liebe, Glück und Freude
zieh' in das Herz dir ein,
und frei von allem Leide
mag stets dein Leben sein.

Spruch

Ein freies Herz
ist Goldes wert.

Spruch

Bemüh dich nur und sei hübsch froh,
der Ärger kommt schon sowieso.

Wilhelm Busch

Nenne niemand dumm und säumig,
der das Nächste recht bedenkt.
Ach, die Welt ist so geräumig,
und der Kopf ist so beschränkt.

Wilhelm Busch

Der Ruhm, wie alle Schwindelware,
hält selten über tausend Jahre.

Wilhelm Busch

Oh reiß' den Faden der Freundschaft
nicht allzu rasch entzwei;
wird er auch neu geknüpfet,
ein Knoten bleibt dabei.

Spruch

Wenn du einem Menschen mißtraust,
laß dich nicht mit ihm ein.
Wenn du dich mit ihm einläßt,
mißtraue ihm nicht.

Spruch

Die Tage sind wie Blätter nur
im Buche deines Lebens.
Füll' sie mit guten Taten aus,
und du lebst nicht vergebens.

Spruch

Wenn dich die Lästerzunge sticht,
so laß dir dies zum Troste sagen:
Die schlechtesten Früchte sind es nicht,
woran die Wespen nagen.

Gottfried August Bürger

Tue recht und scheue niemand!

Spruch

Möge jeder still beglückt
seiner Freuden warten!
Wenn die Rose selbst sich schmückt,
schmückt sie auch den Garten.

Friedrich Rückert

Sei freundlich gegen jedermann,
das macht so froh und warm.
Wer Glück und Sonne spenden kann,
wird nie im Leben arm.

Spruch

Eine kurze Spanne Weges
war dein Geist mir anvertraut.
Was ich lehrte, heg und pfleg es,
denn der hat nicht auf Sand gebaut,
dem bei allem, was er tut,
Wissen bleibt das höchste Gut.

Spruch

Sich dreinschicken

269

Wenn dir auch mal in trüben Tagen
der Kummer alle Freude nimmt,
sollst du dir immer dabei sagen:
Der nächste Frühling kommt bestimmt.

Spruch

Mein Kind, es sind allhier die Dinge,
gleichviel, ob große, ob geringe,
im wesentlichen so verpackt,
daß man sie nicht wie Nüsse knackt.
Wie wolltest du dich unterwinden,
kurzweg den Menschen zu ergründen?
Du kennst ihn nur von außenwärts.
Du siehst die Weste, nicht das Herz.

Wilhelm Busch

Wer weiß, daß er nichts weiß, weiß mehr
als der, der nicht weiß, daß er nichts weiß.

Spruch

Sei immer vergnügt:
Das genügt!

Spruch

O hüte dich vor allem Bösen!
Es macht Pläsier, wenn man es ist,
es macht Verdruß, wenn man's gewesen.

Wilhelm Busch

So wie der Ton der Flöte,
so hell, so klar, so rein,
so wie die Morgenröte
so soll dein Leben sein.

Spruch

Magst alles werfen in des Lebens Fluten,
nur eines halte hoch,
die Sehnsucht nach dem Guten.

Spruch

Sich dreinschicken

Verlaß dich auf die Leute nicht,
sie sind wie eine Wiege.
Wer heute Hosianna spricht,
sagt morgen Kruzifige.

Spruch

Jung fleißig sein
und lernen müssen,
ist kleinere Pein,
als im Alter nichts wissen.

Spruch

Nimm zu Herzen dir die Lehr',
renn' nicht hinterm „Gestern" her,
hasche nach dem „Morgen" nicht,
sieh dem „Heute" ins Gesicht.

Spruch

Es ist besser, eine Kerze anzuzünden,
als über die Finsternis zu klagen.

Spruch

Dies Leben ist grausam,
ringsum Bomben und Brand.
Wer den Kopf in den Sand steckt,
wird am Hintern erkannt.

Spruch

So ist's nun mal auf dieser Welt,
und ich find's gar nicht gut:
Die kleinen Diebe hängt man,
vor den großen zieht man den Hut.

Spruch

Das Paradies der Erde
liegt auf dem Rücken der Pferde,
in der Gesundheit des Leibes
und am Herzen des Weibes.

Friedrich Bodenstedt

Weißt du, worin der Spaß des Lebens liegt?
Sei lustig! – Geht es nicht, so sei vergnügt.

Johann Wolfgang Goethe

Sich dreinschicken

Lustig gelebt und selig gestorben
heißt dem Teufel die Rechnung verdorben.

Spruch

Wer kann keinen Spaß verstehn,
soll nicht in dieses Album sehn.

Spruch

Blick nicht trostlos in die Welt
wie die dummen Kälber:
Das Gesicht ist dir geschenkt,
lachen mußt du selber.

Spruch

Von Vergnügen zu Vergnügen
rastlos hin und her,
ist ein eitles Selbstbetrügen
und bald kein Vergnügen mehr.

Friedrich Bodenstedt

Das Glück ist eine leichte Dirne
und weilt nicht gern am selben Ort;
sie streicht das Haar dir von der Stirne
und küßt dich rasch und flattert fort.
Frau Unglück hat im Gegenteile
dich liebefest ans Herz gedrückt;
sie sagt, sie habe keine Eile,
setzt sich zu dir ans Bett und strickt.

Heinrich Heine

Ein Kluger und ein Dummer
machen mir keinen Kummer;
aber die schlimmste Sorte von Leuten
sind die Halbgescheiten.

Spruch

Wenn du viel erreichen willst,
darfst du niemals mucken:
Wer den Teich aussaufen will,
muß auch Kröten schlucken.

Spruch

Sich dreinschicken

Hinter einem Eisengitter
schmeckt auch süßer Honig bitter.

Spruch

Beherrsch die hohe Kunst des Schweigens.
Viel Reden ist nicht fein.
Wer ständig seinen Senf draufgibt,
wird bald ein Würstchen sein.

Spruch

Willst andern du die Zähne zeigen,
so lächle deinen Nächsten an!

Spruch

Es gibt viele Dinge in der Welt,
die man von fern für reizend hält!
Wenn sie aber uns näherkommen,
sind alle die holden Farben verglommen,
und betrachtet man sie genau,
so sehn sie schwarz aus, zumindest grau.

A. Gebauer

W – E – L – T,
wie wirst du angefangen?
Ach, dein Anfang ist ein W (Weh).
Wenn zum Ende wird gegangen,
findet sich ein hartes T (Tod).
Und noch eh sie wird beschritten,
kommen E-lend, L-eiden in der Mitten.

Spruch

Wer sich an andre hält,
dem wankt die Welt.
Wer auf sich selber ruht,
steht gut.

Paul Heyse

Mathe, Deutsch, Physik, Chemie,
mancher denkt, er lernt es nie!
Aber mancher, der das dachte,
später noch Karriere machte!

Spruch

Sich dreinschicken

Man kann zwar tun, was man will,
aber nicht wollen, was man will.

Arthur Schopenhauer

Du fragst: Was nützt die Poesie?
Sie lehrt und unterrichtet nie.
Allein, was kannst du noch so fragen?
Du siehst an dir, wozu sie nützt:
Dem, der nicht viel Verstand besitzt,
die Wahrheit durch ein Bild zu sagen.

Christian Fürchtegott Gellert

Bescheidenheit ist eine Zier,
doch kommt man weiter ohne ihr.

Spruch

Von der Gewalt, die alle Wesen bindet,
befreit der Mensch sich, der sich überwindet.

Johann Wolfgang Goethe

Mann mit zugeknöpften Taschen,
dir tut niemand was zulieb:
Hand wird nur von Hand gewaschen;
wenn du nehmen willst, so gib!

Johann Wolfgang Goethe

Wenn einer kommt und sagen kann,
er hab es allen recht getan,
so bitt ich diesen lieben Herrn,
er woll mich diese Kunst auch lehrn.

Spruch

Der Schneeball und das böse Wort,
sie wachsen, wie sie rollen fort;
eine Handvoll wirf zum Tor hinaus,
ein Berg wird's vor des Nachbarn Haus.

Wilhelm Müller

Blumen sind an jedem Weg zu finden,
doch nicht jeder weiß den Kranz zu winden.

Anastasius Grün

Sich dreinschicken

Erst unter Kuß und Spiel und Scherzen
erkennst du ganz, was Leben heißt:
o lerne denken mit dem Herzen,
und lerne fühlen mit dem Geist.

Theodor Fontane

Zeit und Tage
bringen viel Plage;
Tage und Zeit
ändern viel Leid.

Spruch

Der Sturm sprach einst:
Ich kenne die Welt;
denn ich zerpflücke sie!
Da sprach der Reif:
Ich kenne sie näher,
denn ich erdrücke sie!
Die Sonne lachte:
Ich kenne sie besser,
denn ich beglücke sie!

Carmen Sylva

Ist der Ruf erst ruiniert,
lebt sich's völlig ungeniert.

Spruch

Besser ist's, die Menschen sagen:
Dreimal mehr verdientest du! –
Als daß Weise spöttisch fragen:
Sagt, wie kam der Narr dazu?

Leopold Günther von Göckingk

Wer erst in saure Äpfel biß
und dann in einen süßen,
der wird den süßen ganz gewiß
dann doppelt froh genießen.
Doch wer in süße Äpfel biß
und dann in einen herben,
dem wird der herbe ganz gewiß
die ganze Freud verderben.

Robert Reinick

Sich dreinschicken

Schläft ein Lied in allen Dingen,
die da träumen fort und fort,
und die Welt hebt an zu singen,
triffst du nur das Zauberwort.

Joseph von Eichendorff

Freundschaft, Liebe, Stein der Weisen,
diese dreie hört ich preisen,
und ich pries und suchte sie,
aber, ach! Ich fand sie nie.

Heinrich Heine

Was vergangen, kehrt nicht wieder;
aber ging es leuchtend nieder,
leuchtet's lange noch zurück!

Spruch

Am kürzesten dauern
die süßesten Freuden;
am schnellsten verschwinden
die glücklichen Zeiten.

Carl Gottlob Cramer

Jede Kleinigkeit
reift durch die Zeit;
Mädchen reifen auch:
Was ein Pflänzchen war,
ist schon übers Jahr
Bäumchen oder Strauch.

Spruch

So wie der Strom zum Meer hin eilt,
und niemals auf den Weg verweilt,
so eilt auch unsere Jugendzeit
in das Meer der Ewigkeit.

Spruch

Sich dreinschicken

Der beste Mensch wird manchmal zornig,
kein Liebespaar kann immer kosen.
Die schönsten Rosen selbst sind dornig,
doch schlimm sind Dornen ohne Rosen.

Friedrich Bodenstedt

Durchs Leben führen zwei Zauberworte,
sie öffnen zu jeglichem Glücke die Pforte.
„Ich will" ist der Schlüssel, aber „ich kann"
ist unerläßlich der Bart daran.

Spruch

Wer sich nicht nach der Decke streckt,
dem bleiben die Füße unbedeckt.

Johann Wolfgang Goethe

Nimm die Zunge wohl in acht,
sprich kein Wort, das unbedacht,
denn ein Wort, zu schnell gesprochen,
hat schon manches Glück zerbrochen.

Spruch

Der Mensch ist zur Arbeit geboren
wie der Vogel zum Fliegen.

Martin Luther

Der Herr sprach zu den Steinen:
„Werdet zu Menschen hier auf Erden."
Da sagten die Steine: „Dazu
müßten wir erst noch viel härter werden."

Spruch

Je mehr du lernst,
 desto mehr weißt du.
Je mehr du weißt,
 desto mehr vergißt du.
Je mehr du vergißt,
 desto weniger weißt du.
„Warum lernst du?"

Spruch

Sich dreinschicken

Setz dir Perücken auf von Millionen Locken,
setz deinen Fuß auf ellenhohe Socken:
Du bleibst doch immer, was du bist!

Johann Wolfgang Goethe

Arbeit macht das Leben süß,
macht es nie zur Last,
der nur hat Bekümmernis,
der die Arbeit haßt.

Gottlob Wilhelm Burmann

Der Adel verpflichtet!
Die Pflichterfüllung adelt.

Spruch

Wo die Arbeit zieht ins Haus,
läuft die Armut bald hinaus;
schläft die Arbeit aber ein,
guckt die Armut zum Fenster hinein.

Robert Reinick

Liebe Jule, bitte mische,
wenn das Büchlein vollgeschrieben,
die 20 schönsten Albumsprüche
zusammen – so wie Kraut und Rüben.
Zieh den Extrakt als dann
aus dieser Mischung
und schlürfe ihn
als Labsal und Erfrischung.

Rezept von Annegret

Register
der Spruchanfänge